【文庫クセジュ】

フーリガンの社会学

ドミニック・ボダン著
陣野俊史／相田淑子訳

Que sais-je?

白水社

フーリガンの社会学

【文庫クセジュ】

ドミニック・ボダン著
陣野俊史／相田淑子訳

白水社

目次

はじめに

一般にスポーツについて語ること、とりわけサッカーについて語ることは、私たちの人生にメリハリをつけてきた無数の光景を思い出させる。スポーツとは人間とのつきあいである。スポーツは子供時代から、友達作りの場を与えてくれる。ルールと他者への尊敬を学び、スポーツが教えてくれる美徳、競争心、努力、根性などを通じて、スポーツは教育と社会適応のプロセスとなる。それは夢であり、想像力をかき立てるものだ。スポーツマンとは、幼い少年たちが自分と重ねてしまうヒーローであり、真似するためのモデルである。水曜の午後(1)のサッカー教室をのぞいてみるだけでよい。男の子たちは皆、あのジダンのドリブルをひっきりなしに真似しているだろう。高い価値を持ち、統合されたモデルである「スポーツのヒーローは、現代の新しいタイプの英雄となる」。さらにスポーツはショーである。感動を孕《はら》み、論戦に誘い、熱狂を生みだす。あの「多色の」フランス・サッカー・チームが、優勝の歓喜のなかで「黒（人）・白（人）・褐色（アラブ系）」が結びつき、たとえ一時的であっても一国のシンボルとなったとき、スポーツは社会的結合となったのだ。

（1）現在のフランスでは、水曜日に授業はない〔訳注〕。

しかし、スポーツはときにその性格を変え、いくつもの逸脱を見せてきた。見方を変えればヒューマニズムや知恵につねに関係があるのかどうかを問うこともできる。また別の場では、いかさま、ドーピング、暴力と結びついている。ハンドでゴールしたとされるいくつかの試合やＩＯＣ（オリンピック組織委員会）の金儲け主義の暴走のせいで使われた薬物、それらを知れば、私たちの既成概念は覆ってしまう。あるときは死者を出すような対立や大惨事が起こり、スポーツは恐怖を与える。ときにスポーツは常軌を逸し、メディアや指導的立場の人間が、暴走を隠蔽したり知らない素振りをする。フーリガン現象もこうした事態であり、普通の人にとっては、他人事である。つまりプロ・サッカーの出来事であり、ヘイゼルにおけるリヴァプール・サポーターのイギリス人や、あるいは一九九八年のニヴェール憲兵を卑劣にもリンチしたドイツ人サポーターの出来事なのである。だが、フランスでどんな暴力事件が起こっているかを示すには、いくつかの例を挙げれば充分である。スポーツに関わる群衆の暴力について、くどくど述べる必要はない。試合のさまざまな局面で、ときにはサッカー以外のスポーツでも起こった出来事を以下に示す。

――一九九五年、若いサポーターがピストルで殺された。プレミア・リーグにおけるイギリス人のサッカーの試合ではなく、ドランシー（セーヌ＝サン＝ドニ）での出来事である。彼は「ジャンヌ＝ダルク」チーム[1]を応援に来ていた。

――一九九五年六月十一日、友好試合の慎ましい決勝で、試合の審判L氏が選手たちからリンチを受けた。サッカーではなく、トゥールーズ近郊で行なわれたカステルノー＝マニョアク対ニッサンのラグビー試合である。

――一九九八年、サポーターで満杯のバスがある小さなガソリンスタンドに停まった。窃盗や店長との言葉の応酬ののち、バスは再び出発し、ブリーブで行なわれる、あるカップ戦の試合へと向かった。帰り道、彼らは同じガソリンスタンドに停まると、大量の盗みと破壊行動を行なう。彼らはジロンダン・ド・ボルドーのサポーターだった。

――二〇〇一年三月十七日、パリのサポーターがパルク・デ・プランス[2]の「オートゥイユ」観覧席を包囲し、ガラタサライのサポーターを攻撃した。チャンピオンズ・リーグでの出来事で、七名の重傷者を含む五六名の負傷者が出た。

（1）フランスのプロ・バスケットボール・チーム〔訳注〕。
（2）パリ市内の南西に位置する有名な競技場〔訳注〕。

　つまり、フーリガン事件は見かけほど私たちから離れた出来事ではない。実際、こんにちではフランスのリーグ・アン[1]の各試合は、その前後に複数のトラブルを抱えている。それについてマスコミが一貫した報道をしないのは、おそらく単純にスタジアムから離れた所で事件が起きているという事実のためである。二〇〇一年十二月十七日付の内務省総合情報局の「フーリガン現象、サポーターの暴力」と題された非公式報告によれば、その現象は拡大する傾向にある。事件数と負傷者数はシーズンごとに増加している。この現象が主としてパリをめぐるものだとしても、ボルドー、リール、マルセイユ、サン＝テティエンヌ……といったクラブにも関係がある。外国同様、フーリガン現象が執拗についてまわることをどのように説明するのか？　フランスのフーリガン現象は他の欧州諸国とは違うのか？　まさに本書が答えようとするのはこの二つの問題である。しかしそこから、多数の疑問が出てくる。「フーリガン現象」という言葉はどこから来たのか？　スポーツに関わる群衆の暴力は、一般に考えられているほど新しいのか？　どの瞬間からフーリガンが話題になるのか？　その件に関する社会的な表現は、どこに由来するのか？　こうした暴力の形態は、私たちの現代社会の機能不全や諸問題をとりあげる社会決定論で捉えられるのか？　それとも独自の、集団の、あるいは文化の理論に呼応するものなのか？　誰が実際にはフーリガンなのか？　とくにサッカーが他のスポーツ以上に、暴力の証言者や仲介者となるのはどうしてなのか？　こうした多数の問いにも答える必要が出てくるだろう。

（1）フランスの一部リーグ。以下、リーグ・ドゥ、ナシオナルと続く〔訳注〕。

第一章　フーリガン現象——歴史と現代性の狭間で

I　現代社会に特有の現象なのか？

フーリガン現象とその限界を厳密に定義し、フーリガン行動がどう始まって終わるかを明確にすることは、おそらく不可能であり、その意味を限定し解釈を制約することがせいぜいである。なぜなら、まずなによりもフーリガン現象を理解するためには、通常の定義、みんなに共有されている表現、特定の分野のステレオタイプや予見を超えなくてはならないからである。よくあるイメージだが、フーリガンが、イギリス人で、若くて社会的不適合者で、普段の生活でも軽犯罪を犯しており、酒浸りで、サッカーの試合を口実にスタジアムに悪事を働きに来るとしても、現実の社会現象はまったく別物であり、常軌を逸した着想を、私たちはいろんなレベルで解体しなければならないのである。一九九三年八月二十八日、パルク・デ・プランスにおけるパリ・サンジェルマンとカーンの試合。そこで起こった突発事件で、多数の警官が「ブーローニュ」側観客席でリンチされた。さらに、二〇〇一年三月十四日に行なわれたクラブチームのヨーロッパのカップ戦、パリ・サンジェルマンとガラタサライの試合では、観客に五六名の負傷者を出した。必要とあらば「フーリガン現象」は、フランスにも存在しうるのである。表現されていることと現実とのあいだのこうしたズレは、おそらく単純に言ってしまえば、テレビで流された悲劇的出来事に起因している。一九八五年、ヘイゼル・スタジアムで行なわれたヨーロッパ・カップの決勝戦、トリノのユヴェントスとリヴァプールの一戦のあいだに、観客三一人が死んだ。この事件についての解釈は、アングロ・サクソンのチームおよびサポーターに対する報復ということだった。劇的な事件の、ハイパーメディア化である。しかしこの大災禍は、イギリス人だけに還元することもできないし、日常の軽犯罪に原因があるわけでもない。それは、全世界のサッカーに本質的に結びついているのだ。フーリガン現象を理解することは、ときに極端な物理的・肉体的暴力にまで発展する出来事を確認することではなく、歴史と社会のダイナミズムのなかでそれを再構成し解釈しようと試みることである。繰り返し誇張するわけではないが、フーリガン現象は、実際、究極の表現で性格づけされている。つまり、肉体的暴力ないし物質的損壊だ。こうした暴力行為は、スタジアムでは、サポーター・

グループのあいだで行なわれる場合があるが、チェック体制が確立し、彼らを多少とも隔離する方法が考案されているので、現実にはむしろ稀である。また、警官隊に対する暴力行為、サッカーやサポーターとは直接関係ない通行人に対する暴力もある。果ては、こうした暴力が、車やショーウィンドウの損壊、バスへの「投石」、列車の破損などへ繋がる。しかしいずれにしろ、フーリガン現象の分類は、大抵が一般論にすぎず、個人がこうした悪事を犯すに至った理由を私たちに教えてくれることはない。それは検証でしかないからだ。暴力を、実際の行動へ移行する視点か、現行の規則が抑制している違反の視点から考察することにしかならない。つまり、結果的に犯罪の社会学的定義[1]に照らして、暴力の受容を限定することになるのだ。また同時に、多少とも些細な事実の連鎖（バッジやエンブレムの盗難、侮辱や挑発の言動）のなかにこそ、はるかに劇的で憂慮すべき事件が起こる原因が探られるべきである。現象の複雑さを全体から捉える必要がある。前述の暴力行為は、実際には「実践的達成[2]」でしかない。つまり長いプロセスの結果でしかないのだが、その長いプロセスは、スポーツ観戦のさまざまな役者たち（サポーター、運営者、警察官、ジャーナリストなど）のあいだにある微妙で複雑な社会的相互作用、アイデンティティーと文化構造の反映であるスポーツ上の敵対意識、挑発、ヴァンデッタ（復讐）などによって、構成されている。闘争行為を対象とする他の分野の研究、スコガン（一九九〇年）、ロシェ（二〇〇一年）、ドバルビュ（一九九六、二〇〇二年）の仕事がすでに存在する以上、サポーターの暴力を、それが相当に厳しい解釈であるとしてもただひとつのアングルから考察することはもはやできない。たとえば、具体的には、一九九八年の初め、路地でイギリス人サポーターが刺されたケースなどである。最も些細な出来事や無礼な言動が、暴力や軽犯罪の現場で実際に「スパイラル効果」を挙げる。加害者の視点に立つのか被害者の側にいるのか、強者の側にいるのか弱者の側にいるのか、西洋に住んでいるのか戦地国家に住んでいるのか、治安の悪い場所にいるのか「瀟洒《シック》な」界隈にいるのか、男性なのか女性なのか、若者か老人かによっても、暴力への認識は変わる。暴力は、主観的にも客観的にもなりうるのだ（ヴィエヴィオルカ、一九九九年）。暴力は、その行使と認識の両面において、社会的、空間的、時間的に繋がっている。近代西洋社会で暴力と規定される事柄、少なくとも暴力であると感じられる事柄にしても、他の時代や地域で必ずしも同じ意味合いを持っているわけではない。

（1）エミール・デュルケーム『社会学的方法の規範』、パリ、PUF、『カドリッジ』、一九九七年。
（2）H・ガーフィンケル『自民族方法論における研究』、イングルウッド・クリフス、プレンティス・ホール社、一九六七年。

フーリガン現象とはまったく関係ない出来事を混同して捉えることも頻繁にある。たとえば、ヘイゼルの悲劇は、フーリガン現象に基づくものなのだろうか？　それともスタジアムの消極的な安全対策（入場、監視、強制退去、観客分離の方法）の欠陥が、少なくとも部分的には原因であり、その点ではヨーロッパ規模の指針が適用されることになるのだろうか？　かくしてメディアは、緊急時に備え、煽情効果を狙い、視聴者を安心させる事件の口実を作っておくために、いくつかの事件をフーリガン現象に結びつけることがある。たとえば、一九八九年のシェフィールド事件（死者九六名）、二〇〇一年にスタジアムの入口で四三名が圧死したヨハネスブルグのエリス・パークでの事件である。しかしながら、これらの事件は、完全に、警備係の無能ぶり、そして、スタジアムの実際の収容人員以上の座席数を売りさばくことになんら躊躇ない一部の指導者連中の拝金主義に起因している。突貫工事で建造され、パンパンに膨れあがった観客席が雪崩をうって崩れ、一七名の死者を出した一九九二年五月五日のフリアニ（バスティア）事件が、その例である。この事件に対しては軽い刑しか適用されなかった。皮肉の極みだが、この事件では、何人かの犠牲者が訴追さえ受けている。

どんな国であれ大陸であれ、フーリガン現象は本質的に——ただし「排他的に」という意味ではなく——サッカーに関わっている。ギリシアやトルコでのバスケットボールの試合時、インドでのクリケットの対戦中にもたしかにいくつかの対立は存在したが、その暴力行為は散発的状態で済んでいるのだ。

1　言葉の歴史

一九六〇年代のイギリスでは、サッカーの試合に合わせて、新しい形態の暴力が出現した。もともと十九世紀以来、試合には乱闘や対立がつきものだった。だがスタジアムのなかやその近くで起こる新しい形の暴力行為は、あまり自然発生的ではない。ゲームの進行具合や結果、あるいはピッチ内の出来事（審判、ファール、線審や選手の行為）などに、必ずしもその暴力行為の原因があるわけではない。また、試合そのものが刺激するスポーツのライヴァル意識に根ざしているわけでもない。ときには、稀なくらいの暴力行為にまで発展し、個人個人を対立させることもある。抑圧―攻撃の図式に沿って結果や出来事を考えてみると、彼らの暴力は、もはや偶然の産物でも自然発生でもなく、組織化され計画されており、非常に多くの場合、集団による暴力である。

フーリガン現象（フーリガニズム）という概念の登場は、行動様式とパラダイムの変化をいっぺんに印象づけたと思われる（ボダン、一九九九年）。あるジャーナリストは、この出来事をリポートするために適切な言葉を用いたいと考え、暴力的な観衆を「フーリハン」と名づけた。この言葉は、アイルランド起源の言葉で、反社会的行為、反乱時のきわめて暴力的な態度から、ヴィクトリア女王の治世下で首を切られた一家の名前である。しかし、いついかなる理由で、「フーリハン」が「フーリガン」に移行したのかはわからない。可能性が高い理由は、印刷上の誤植である。英語系のキーボードも「アゼルティ」配列のフランス語キーボードも、ともに「h」と「g」は隣りあっている。いずれにしても、それまでと違った行動様式が生まれたことを示すために、この言葉は生まれ、やがてヨーロッパ全土で使われることになる。ただ、注意の必要があるのは、イギリス人は、この言葉を使用せず、むしろ「ザックス」という言葉を好んで用いていることだ。この言葉は、日常会話で「非行少年」と同義語である。また、侮蔑的意味を含み、カリ(1)を崇拝するインドの偏執的セクトの名前でもあるので、この言葉を選ぶことは、それ自体が無益であるとか、意味を緩和しているということにはならない。この呼称を選ぶことそのものが、フーリガンという烙印を押し、はぐれ者として社会から弾きだし、そのうえで彼らを犯罪と結びついた「異常者」と見なすことにほかならない。彼らの暴力とブラックリストに記載された彼らの名前が、たとえどんなところに根本的原因を抱えていようと、関係ないのである。

(1) カリは、ヒンドゥー教の破壊と創造の女神。シヴァに対するヴェーダとして知られる〔訳注〕。

2　歴史のなかの群衆の暴力

たしかに、スポーツの観衆の暴力的振る舞いは、新しいことではない。だが、それについて語ったとしても、スポーツを形態、基礎、表現、価値、最終目的において永続的なものとして捉え、現代スポーツを昔から続くスポーツ・ゲームの連続のなかにとどめておくことを狙っているわけではない。むしろ、ごく簡単に、別の時代、場所、競技においても、スポーツの観衆のいくつかの振る舞いが、奇妙なことに現代のフーリガン行動に似ていたこと、そして、秩序維持やスタジアムでの禁止事項などの特殊な社会的施策さえ必要とされたことを、ここでは確認しておこう。そのためには、この分野の完全な歴史書を援用するのではなく、いろいろな時代から取り上げたいくつかの事例を示せば充分である。

最初の痕跡のひとつは、西暦五九年ポンペイにおける喧嘩を報じたタキトゥスの文章(『年代記』、一四、一七)にある。ポンペイで、リヴェニウス・レグルスによって企画された剣闘士の試合の際、ポンペイとニュセリに居住する観客は、罵りあいになり、石を投げ、ついには武器を手にするに至った。ここでの対立で多数の死者を出してしまったので、ポンペイ人は一〇年間にわたって、スポーツ競技会を禁止され、諸団体も解散させられた。

一五万人の観客を収容できたローマの大円形競技場では、事《こと》あるごとに多数の人間が群衆に押し潰されて死亡した。中世には受難劇のスールがあった。これは、観客のあいだで演じられる熱狂と混乱と乱闘の劇となったので、社会的混乱を招くという理由から、教会が介入してこの手の芝居に禁止令を出した。

しかし、ブルターニュ地方のスールは、独自の方法で秩序を維持する芝居でもあった。「士官たち」がフライパンで武装し、問題視される人物をフライパンで叩いて追い払った。フィレンツェで行なわれていたカルチョ・フィオレンティーナ（フィレンツェ式サッカー）を、ブレーデカンプ（一九九八年）は、公的な場での秩序維持に必要な方策として記述している（観衆の隔離、グラウンドへの進入禁止、鎮圧手段、「警察的」存在、など）。これはなんと、十六世紀から十八世紀のことなのだ！　さて、十八世紀の終わりに、初めて気球を上げる際に、かなり組織的で大掛かりな庶民の盛り上がりがあった。結果、それが猛烈な大火事を引き起こした。ボルドーでは、この混乱の原因とされる二人の見物人が断罪され、絞首刑になった。[1]最後に、現在に近い事件、といっても十九世紀の終わりのことだが、トレインター[2]は、一八九九年四月八日、二〇〇〇名の観客を前にしたグリーノック・モートンとポート・グラスゴー・アトランティック・クラブの準決勝で起きたシャピローの暴動を詳しく報じている。彼は警察による鎮圧を詳細に伝えると同時に、世紀末のアングロ・サクソンのサッカーにおいて、どれほど多くの暴力が発展したかを描いた。こうした事実のすべてが、恐るべき近代性を有し、現代のフーリガンの行動にきわめて正確に合致している。また同時に、トラブルを未然に防ぎ、「公衆の秩序」を回復するために行なわれる社会的規制にも合致している。

（1）L・ロベーヌ「イカロスと日常の暴力」、ドミニック・ボダン編『スポーツと暴力』所収、パリ、シロン社、二〇〇一年。
（2）N・L・トレインター「シャピロー暴動と、ビクトリア朝後期のスコットランドにおけるサッカー群衆の構成と行動」（『スポーツ史の国際雑誌』、一九九五年三号、一二巻）、一九九五年、一二五〜一四〇頁。

『レキップ』紙（一九九七年）によれば、二十世紀のあいだに、サッカーだけに絞って考えても世界中のフーリガン現象によって、一三〇〇人以上の死者を数えている。たしかに、ゲーム、スポーツ、そしてとりわけサッカーをめぐる諸事件を、くだくだしく説明することもできるかもしれない。歴史を一瞥してみるならば、大騒ぎ、無礼な言葉、形ばかりの言葉の暴力、グラウンドへの侵入、乱闘、暴動、殺人など、実にさまざまな形態で、スポーツの群衆の暴力は、スポーツの光景になんと多く遍在していることか。しかし、郊外や危険な街の社会的崩壊という問題と同一視できるいまの社会の現象に、暴力は簡単には還元できない。それならば、どのように現代のフーリガン現象の誕生を理解すればよいのだろうか？　二つの要素が、古代以来観察されてきたさまざまな暴力形態と、フーリガン現象を区別している。一つは、特定のスポーツ、つまりサッカーに暴力が現われる頻度。そしてもう一つが、サッカーの暴力がイギリスに限定されるという事実である。したがって、この問題に固有の研究は、必然的にアングロ・サクソン起源となる。しかし、なぜ、このスポーツとこの国が、これほど深く関わっているのだろうか。

Ⅱ　ヨーロッパにおけるフーリガン現象の出現

ヨーロッパにおけるフーリガン現象の出現には、主として六つの段階がみられる。

1　フーリガン現象の誕生

初期は、一九五〇年代の終わりから六〇年代の初めである。ジャーナリストと研究者（といっても大半が社会学者）は、スタジアム内だけではなく外においても、組織化された暴力の増加を認めている。この暴力は、それまで知られていた暴力とはあきらかにア・プリオリに違う。ゲーム理論やゲームそのものが引き起こす敵対関係に関連した、儀礼的で激情的な暴力から、計画的な暴力への移行を示している。その時点まで、人は、スポーツが本質的に持っている曖昧さに根ざした、多少散発的な暴力に慣れていた。実際、もっと上手に人間を対抗させるために、人を集めるものはないのだろうか？二十世紀の初頭から六〇年代まで、実際、事件は、審判やゲームが不公平だと思う事実認識や、スポーツ上のライヴァル関係から生まれていた。さらにいえば、盲目的愛国心、遺恨、大半が庶民の出であるサッカーの日常的観客が持つ文化に固有の乱痴気騒ぎも、原因といえる。こうした暴力形態は、ときとして、ラグビーのような他のスポーツにもみられる。だが、他のスポーツとはあきらかに違う衝突が、社会と文化の対立を生みだすのである。この時代からフーリガン現象は、計画され構成され考え抜かれた方法を通じて、故意に行使される暴力と定義づけられる。そして「組織犯罪[1]」の領域に近づくことになる。このようにフーリガン現象を理解することで、潜在的で目に見えなかった原因を表に出してくることになり、一挙に数多くの問題があきらかになる。まず、自然発生的な暴力と、計画的な暴力を区別することで、研究者たちは、試合内容や、その結果、アルコールの過剰摂取に結びつく要素を、自分たちの分析対象から除外した。事実、逮捕されたフーリガンたちは、酩酊状態にはなかった。観客たちの暴力行動は、審判のミス、紛糾しそうなゲーム、敗北といったものに、必ずしも繋がっているわけではない。つまり、いろいろな事件は、ブローム(『スポーツにつどう人びと――支配批判』、一九九三年)が描きだしたような、熱狂した酒臭い群衆の暴力に還元できるわけではないのだ。ただ、スポーツの勝ち負け、結果の不確かさ、情熱的味方であるサポーターに及ぶかもしれない影響などを分析対象から外すならば、フーリガン現象は、社会・経済的要因に制限される。それでも、トム[2]

は「カタストロフの伝染性の原理」を用いて、「非決定のあらゆる状況のパラディグム（範列）は、対立である」と説明している（『人間の能力の境界で：形態形成の数学モデルにおける仕組』、一九八〇年、三〇八頁）。たとえスポーツの試合の形で儀式化されていたとしても、対立を見ている個人には、中心人物の一人に同一化しようとする傾向がある。ところが実際には、みんなが優先的に勝利者に同一化する。演劇とパラレルに語りながら、トムはこんなふうに正確に言っている。「陰謀のなかに可逆的な要素があれば、人はまだ喜劇の世界にいる。（……）だが反対に、不可逆的結果が現われればすぐに、喜劇は悲劇に向かうのである」（前掲書、三一〇頁）。可逆から不可逆への移行、喜劇から悲劇への道のりは、サポーターの暴力への依存を、ある程度、説明することができるだろう。この定義を選べば、全体として次から次に分析を続けることになろう。物理的暴力を観察するという点に限定してしまえば、未成年の犯罪の領域で引き合いに出されるあきらかに別の要素を、排除することになる。この場合の「別の要素」とは、「チャチャ」や舌戦、挑発、敵対関係の起源と歴史を指していて、それらは、かなりの頻度で、殴り合いや乱闘の前に行なわれ、その引き金になっているものである。

（1）R・デュフール＝ゴンペール『暴力と犯罪の事典』、トゥールーズ、エレース社、一九九二年。
（2）ルネ・トム：一九二三〜二〇〇二年、フランスの数学者。カタストロフ理論の創始者として知られる〔訳注〕。

マーシュ（一九七八年）は、こうしたフーリガン現象の概念を批判する。それがあまりに還元的だと考えるからである。彼によれば、物理的暴力だけに考えを限定し、倫理的・象徴的暴力をはずすことは不可能である。そんなことをすれば、敵にショックを与えるため暴力を儀式化する演出「アグロ」（わざと仕組んだ喧嘩）を否定することになるだろう。強大かつ危険にみせること、他人を怖がらせること。これらの行為は、「アグロ」の暗黙の規則が破られるとき（たとえば、少女を攻撃する）にしか生じない行動に、あるいは機動隊介入に取ってかわられることが多い。しかし物理的暴力、象徴的、倫理的暴力の境界は、ときとして微妙である。暴力は、社会が進展する際の、一瞬、あるいは一段階にしか表面に現われない。そして、「他の暴力表現を、涵養し、激化させ、竜巻のようにして刷新していくだろう」（ヴィエヴィオルカ『フランスにおける暴力』、一七頁）。

2　スタジアムという社会空間の変化、その結果としてのフーリガン現象

たしかにスポーツ観衆の暴力が、その性質を変えてきたことは認められているが、なぜ他のスポーツ以上にサッカーに密接に関わるようにみえるのかはさほどあきらかにされていない。フーリガン現象の第二期は、公衆の構成の変化に対応している。一九五〇年代から、アングロ・サクソンのサッカー

は、多数の改変を経験してきた。二十世紀の前半、イギリスは他の欧州諸国に対して支配的であった。このスポーツを創出したことによって、イギリスでは、組織化、大衆化、そして普及が、さらに急速に進んだ。ヴァール[1]は、あらゆる年齢層で、学校がサッカーの普及に重要な役割を果たしたことを記している。一九四八年には、イギリスにある学校のサッカー協会への登録は、八〇〇〇件に及んだ。だが、一九五〇年代に入ると、クラブ登録は低下する。社会が変化したのである。一九三〇年代から社会の脱キリスト教化が始まり、近代化した個人は徐々に社会的束縛を逃れるようになってきた。戦争が終わると、経済の豊かさがはっきり姿を現わす。自由な時間が増える。人びとは、生みだされた暇な時間を利用しようとした。複数の、新しい、そして多彩なレジャーを渇望していた。これが、個人主義者の、さらに個性化した消費社会の始まりである。スポーツそのものは、外出や映画といった選択肢のなかの一つの愉しみでしかない。たとえば、柔道のような、個人でできる多数のスポーツが現われる。費用が手ごろだというだけで、大衆に広まっていく。サッカーが、万人のための万人による、手の届きやすい唯一の見世物である時代は終わった。スタジアムへの客入りは激減する。この時代、放映権やこんにち知られているスポンサー料は、まだ視野にも入っていない。選手は、部分的にプロであったり、ときにはまだ「アマチュア」にとどまり不正な仕方で報酬を受け取っていたが、彼らの資金は、切符売り場の収益によって保証されていた。大衆離れの問題を解決するために、イギリス人たちは、選手のプロ化、快適な観覧席への改良、さらにはスタジアムの改修を行なって、ゲームを興行化《ショー》することを選んだ。彼らは、いくつかの新しい観客席を作る。エンド席と呼ばれるその席は、われわれフランスのヴィラージュ席[2]に相当するのだが、イングランドのスタジアムの四隅に置かれ、大抵は長方形の形をしている。サッカーの大衆化、あらゆる層への普及、そしてこの新しい場所は、社会的にはバラバラの層に属し、あまりサッカーに馴染みのない観客を呼び込んだ。こうした変化が、スタジアムという社会空間の持つ、以前の祝祭的で会食的な雰囲気を激変させる。サッカーの発展とそのショー化は、ある一定の階級のスポーツ[3]と見なされていた活動の価値を一変させた。同時に、サッカーに集まる大衆は、第二段階の変化を被る。ブロンベルジェ（一九九五年）をはじめとして、写真に基づいた議論を好む著者のなかには、「大衆の血気」について積極的に語りだす者が現われた。その理由は多彩である。まず、スポーツ上の理由。学校でサッカーが奨励されれば、結果的にサッカーをする若者が、熱烈な愛好者になったり、情熱的なサッカー観戦者になることはごく自然と思われるからである。次に社会的理由。ちょうどこの時期は、社会が根底から変革していた時期であり、サッカーの変化がそれに重なった。とりわけ若者の自立意識が、大人たちとは違う余暇の愉しみを強く求めだしていた。さらに、経済的理由。エンド席では格安のシートが提供される。値段が安いからという理由で足繁く通ってきていた階層にちなんで「庶民席」と呼ばれていた。クラブ・チームにとっては若者たちを集めるのに役立った。そして、最後に文化的理由がある。一九六〇年代以降のイギリスには、若者文化ないし「サブ・カルチャー」が出現している。ラフ（最貧の工員層出身の若者）、モッズ、テディー・ボーイ(4)、スキン・ヘッズ、パンク……。そのときから、サッカーは、親の監督下に置かれた控えめな「家庭的な消費の対象」ではなくなってしまった。エンド席は、若者のテリトリーとなり、応援するクラブ、出身地、さらに外見の恰好から、若者たちの属するサブ・カルチャーに従って徐々に再編成されていく。そこに集まった若者たちは、アイデンティティー、習慣、シンボルマーク、象徴、連帯意識、相互認識の仕方、ファッションなどによって他と区別される共同体を構築していく。これらは、さまざまなサポーターのグループを作る基本となる。彼らは、政治的で外国人嫌いのイデオロギー（テディ・ボーイズ、スキン・ヘッド）と、戦闘的な暴力集団（スキン・ヘッド、ラフ）をスタジアムのなかに導き入れた。その時点までスポーツの試合とともにあった祝祭的意識が、スポーツの競争意識に取って代わられ、社会的・文化的対立を倍加することになった。もっと活発に、さらに参加型で、より無条件にチームを支えるという、この新しい形態の創出によって、フーリガン現象は、可視的なサブ・カルチャーとして姿を現わすことになる。グラウンドへの侵入、サポーター間の乱闘が増加する。フーリガン現象を、スタジアムに入り込んだ若者のサブ・カルチャーの暴走と捉える考え方が、多くの研究には共通している。一九六八年の、ロード・ハーリングトンの報告によると、逮捕されたフーリガンは正真正銘のサポーターで、教養ある若者、年齢は二十一歳以下、彼らはサッカー、つまり、彼らのクラブ・チーム、プレイヤー、テクニックに深い知識を有し、グループの印をこれ見よがしに見せた、という。彼の研究は、いまでもイギリスやフランスで続いている論争を一挙に決着させるはずだった。つまり、フーリガン現象とは、正真正銘、サポーター行為であり、スタジアムに悪行を働きにくる外部の要素とは関係ない、ということだ。だが、フーリガンの執拗さの原因は、多様だがシンプルである。まず、スポーツ固有のイメージをサッカーのために保持すること（エランベール、一九九一年）、次に、新しい大衆の到来を促し、故意にしろそうでないにしろ、その大衆が著しく違法行為を犯しているという事実に関していっさいの道義的責任を免れていること、最後に、違法行為に対するいっさいの経済的責任をも逃れていることである。

（1）A・ヴァール『足にボール：フットボールの歴史』、パリ、ガリマール社、一九九六年。

（2）スタンドのカーブしている席を指す。四隅のことが多く、いまは主としてアウェイのサポーターに用意されている〔訳注〕。

（3）とりわけブルデュー（一九七九年、八四年）とポチェロ（一九八一年、九五年）の著作を参照のこと。

（4）一九五〇年代に現われた、エドワード七世時代風の服装をするイギリスの反抗的青年〔訳注〕。

金網を設置してサポーターを区分しようとする方法は、防止措置を目的とするが、その意図とは逆に、暴力を梃子にする面がある。「エンド席」の分割、さまざまなグループの隔離は、観客席の区分をショーにしてしまい、グループ間の抗争に拍車をかける。各グループは、差異を際立たせ、対立し、見栄えと知名度を見せつけたいという意欲と意志のなかで、雪辱を果たし、勝利を延ばすために、敵対する「エンド席」の征服を試みる。そのとき「敵対する異文化の受容」の段階が始まる。その段階においては、自分が何者かを示す方法の一つが暴力なのである。だが、一方で、金網作戦によるスタジアム周辺の安全性の確保が、消滅とまではいかないものの、徐々にスポーツの敷地内部の暴力を減らしていく。「対立するサポーターを隔離するための施策は、フーリガン活動防止のためにすでに一九六〇年代に導入されていたが、むしろ各「陣営」の結束を高め、競技場の外へとフーリガンの活動を追いやったように思われる。結果として、かつては当たり前のように横行していたスタジアム警備員に対する暴行が、一九七〇年代や八〇年代の初めには、かなり稀になった」（エリアス／ダニング『スポーツの文明化』、一九八六年、三三八頁）。

いま行なわれているサポーター活動は、一九六〇年代にイギリスのサッカーから出てきたものだが（ブルッサール、一九九〇年）、イタリアやフランスの「ヴィラージュ席」（四隅のコーナー席）を指揮する「ウルトラ」のサポーター活動とはあきらかに違う。たとえば「ウルトラス」は、クラブの人物像を描いたり、彼らの属する共同体の肖像を連想させるような、色とりどりの紙を使って「ティフォ」（いろんな色で彩られたスペクタクルと振りつけ）を見せる。一方、イギリスのサポーターはマフラーやバッジだけを見せびらかすこともしばしばで、試合中、絶え間ない歌と挑発的なスローガンを用いながら、継続的な応援をしている。

3　社会問題と階層化の結果としてのフーリガン

多くの研究者の見解（テーラー、一九八二年、クラーク、一九七八年、エリアス／ダニング、前掲書）では、フーリガンの第三世代は、一九七〇年代と八〇年代のイギリス経済の沈滞と期を一にしている。連続した労働党内閣（H・ウィルソン：一九六四年〜七〇年と一九七四年〜七六年、J・カラグハム：一九七六年〜八〇年）は、インフレと失業を抑制することができなかった。あの大英帝国が破産の危機に瀕していた。一九七〇年代の初め、人口の一四パーセントが貧困層だった。これは九〇年代に貧困率一〇パーセント前後を経験したフランスでもみたことのない数字である。さらに、七〇年代のなかばで、インフレは二五パーセントに達し、失業率は、七二年には三・八パーセントだったものが、八三年には一一・五パーセントに達する。イギリスは、工業部門だけでも、一九六六年から八六年の二〇年間に、三〇〇万人の雇用者を失う。一方、フランスをみてみると、ようやく一九九三年になって全産業部門の合計がこの数字に達している。経済的な衰退は、サッチャー女史の登場と「厳格と緊縮」の財政政策の導入を実現する。民営化と厳格な自由主義経済の発展という、当時の政策の選択基準は明白である。たとえそれが庶民と貧民の階層を犠牲にするとしても、とにかく経済を立て直すことが第一なのである。封建的な政府が強引に鎮圧し解消させた炭鉱のストライキは、およそ一年ほど続いたのだが、それは、当時のイギリスの労働者層の生活を端的に物語るものである。ただし、この炭鉱ストライキは、イギリス経済の解体と、忽然と現われた社会の断層を示すさまざまな例のひとつにすぎない。労働者階級に対抗するためにとられた社会・経済政策は、フーリガン行動の発展には追い風だった。つまり、「労働者階級を文化的かつ政治的に消し去ろうというサッチャーの粗暴な計画にははっきりした要因があって、それは、フーリガンたちが採用した社会的に眼に見える形での戦略とサポーターになるという行為の自律的側面に説明を与えるということである」(ミニョン『スタンドの暴力：サポーター、ウルトラ、フーリガン』、一九九五年、二二頁)。しかし、フーリガン現象は、社会階層間の闘いというより、むしろ社会的な認知やサバイバルのメカニズムに関わっている。暴力は共存しているが、都市の暴動とは両立しない。フーリガンは、自分の属する社会階層や庶民階層を守るために権利を主張しているのではない。コーザーの研究[1]に拠るならば、フーリガンは共同体にとっての危険信号であり、イギリス社会の根深い機能不全を明白な形で表現している。このタイプの暴力は、都市暴動と同じく「まずなにより、社会が必要としている政治的制度的な処理方法が、すでに疲弊しきっていることを証拠だてている」（ヴィエヴィオルカ『フランスにおける暴力』、三〇頁）。サッカーは道具となり、社会から締めだされた若者たちの社会・経済的な彷徨の豊かな表現となる。社会人類学から出発したテーラーとクラークは、サポーター集団の仕組みを描き、それは社会的結合からなる複雑な世界であることを描きだしている。社会が衰微しつつあるように思える一方で、サポーター集団には励ましあい、支えあい、連帯している感覚がある。サポーター集団は、排除と敵対を通じて結晶化し、他者・外国人に敵対する。外国人とは、自分と同じ国籍の者の仕事を奪っていく者を指す。いくつかの集団（支配的なスキン・ヘッドや右翼）は、独自のイデオロギーや人種差別的なスローガンを表明することになんら躊躇を感じていない。彼らは、なんの指標も未来もなく、なんらかの社会的地位を獲得したり奪還したりということも望んでいないが、それでもどこか反抗的な若者たちを徐々に自分の仲間に取り込んでいく。ヴィエヴィオルカによれば[2]、人種差別は、現代への拒否なのではなく、むしろ排斥されて社会のなかに居場所がなくなることへの恐怖から起こる。人種差別は一種の「自然状態」ではなく、社会的状態であり、この集団と移民とが社会経済的に近い状態にあるからこそ、彼らは「身代わりの犠牲者」[3]を見つけようとするのである。彼らにとってフーリガン行動は、ひとつの「存在の仕方、大衆から抜きんでて、姿を現わし、大衆との差異を磨く方法」（ブルッサール『サッカーのウルトラスについての調査』、三〇八頁）である。サポーター行動と暴力は、みすぼらしく薄汚い日常から、彼らを外に連れだす。最も色褪せた日常生活からの逃げ口、出口なしの未来に基盤と意味を与えてくれる。サポーター集団のなかには、戦闘チーム（ファイティング・クルーズ）を作るものもある。たとえば、ICF（ウェストハムのインター・シティ・ファーム）、ケンブリッジのメイン・ファームなどである。スポーツ上の対抗は、こうしたグループ間の対抗意識によって倍化する。つまり、しっかりと存在をアピールするためには、頭角を現わさなければならないのだ。暴力はメディアで流され、社会の注目を浴びる。労働者や社会から排斥された若者を、サポーター集団や、最終的にでき上がったフーリガン集団のなかに認めることは日常茶飯事である。サッカーは、庶民や労働者の文化に属し、それに似ている。そこで称揚される価値観は、努力、肉体の参加、連帯、逞しさ、組織力、全員の規律への服従そして団結心だからである。サッカーは、すべての人に開かれたこうした普通の情熱、その情熱さえ持っていれば互いに理解できるそんな情熱の一部分をなしている。なぜなら、サッカーとそのプレイヤーは、民主主義的理想を具体化しているからで、その理想に従えば「どんな人でも誰かになれる」のだ（エランベール、前掲書）。しかし、サッチャー時代のイギリスでは、どんどん富裕になり近寄りがたい存在となるプレイヤーと、排斥され将来の希望などないサポーターとのあいだに横たわる溝は、日増しに深くなっていった。こうしてテーラー、のちにクラークが、「サッカーの中産階級化」のなかに、そしていまの時代の公衆／プレイヤーの疎遠な関係のなかに、暴力へ移行する補完的理由を見出すことになる。「安全保持の闘い」について語る者も出てくる。ヴァールにとっては、こうした変化は少し前からすでに明白なことだった。「後退の予兆は、ヨーロッパであきらかだ。もともと試合を取り巻いていた熱気は消えてしまった。プレイヤーとサポーターの近しい関係は、いまや思い出となった。サポーターはもはやプレイヤーのことを成功を収めた仲間の一人として捉えることはない」（『足にボール：フットボールの歴史』、一〇九頁）。丸刈り、ドクター・マーチンの靴、そして「ボンバーズ」。狂信的で無為のサポーターのイメージは、極右のイデオロギーとの関係を公にすることではっきりした。一九八二年、ＩＣＦは、地下鉄出口でアーセナルのサポーターを短刀で刺す事件を起こした。そのことでＩＣＦは最も暴力的で暴力性を象徴する存在となった。刺されたサポーターの身体には一枚のカードが残されていて、「おめでとう、たったいまちょうどＩＣＦに会ったところです」の文字が踊っていた。だから、ある種のサポーターにとって、フーリガンになるのは、ひとつの手段である。たしかに忌むべき怖ろしい手段ではあるが、それはおそらく彼の存在に意味を与え、社会的な意味で明確な地位を手に入れて、排除を承認に、失敗を成功に変換することのできる手段なのである。「彼らは、労働者階級がブルジョワ化することを拒否し、『ラフ』の原則を遵守している……彼らはスタイル（スキン・ヘッド）によって、暴力的な男らしさ、忠誠心を要求する……彼らは人種差別主義者で……『エンド席』のスタイルを見せつけにいく。なぜなら、彼らの組織だった厳格さは、多くの者と分け合うべき理想であるからだ」（ミニョン『スタンドの暴力：サポーター、ウルトラ、フーリガン』、二四頁）。社会における彼らの現状と交換できる地位を暴力によって獲得する。そしてその地位は、日常生活のなかでは欠けているか、あるいは否定されている有意義なアイデンティティーを彼らに付与してくれるのである。

（1）Ｌ・コーザー『社会的対立の機能』、パリ、ＰＵＦ。
（2）Ｍ・ヴィエヴィオルカ『人種差別、ある導入』、パリ、ラ・デクーヴェルト社、一九九八年。
（3）Ｒ・ジラール『暴力と聖なるもの』、パリ、プリュリエル社、一九七二年。

4　文化研究者のアプローチ――部分的関係とフーリガン現象

第四期の研究では、エリアスとダニングの研究（一九八六年）に特徴がある。西洋社会の文明のプロセスに関する初期の主著が、スポーツの分野へと応用され展開される。[1] エリアスにとって社会は、ある面では文明の規範を中心に構成されているけれど、他の面では暴力の抑制という問題を中心にできている。そこで問題になっているのは、国家による暴力の抑制（戦争好きの貴族から宮廷貴族への変貌、暴力の一元化）だけではなく、衝動を自己抑制するプロセスを少しずつ積み重ねていった個人としての暴力の抑止力ということである。スポーツは、社会のなかで、あるいは社会によって暴力を抑制する一手段である。なぜなら、スポーツは選手も（一般的な総称としての）観客も、感情に身を任せることができる「感情の解放が大目にみてもらえる場」を提供し、と同時に、感情の抑制と規則を学ぶのに適した社会的規範の場ともなるからである。つまりエリアスとダニングは、あるシンプルな問題を通じてフーリガン現象の問題を研究した。それは、近代に作られたスポーツが、暴力の抑制に奏功するために、さまざまあるなかでサッカーを選び、サッカーにおいて暴力をどのように生成させうるのか、という問題である。

（1）二冊本の翻訳書。フランス語タイトルは『習俗の文明化と西洋のダイナミズム』（カルマン・レヴィ社、一九六九年）。

前著に引き続き、エリアスとダニングは、フーリガンの大多数が「ラフ・ワーキング・クラス」〔最下層の労働者階級〕、もっと正確にいえばこうした社会集団の最も貧しい階層であることを考察した。「社会階層の下位で……階級間の溝は拡がっていった。より貧しい労働者層はもっと貧しくなっていった……さて、下層労働者階級の数は現在の不況のなかで再び増えはじめたかもしれないが、『乱暴な』労働者階級の人びとのまさにこのような集団が、サトルズのいう『規律化された分割』によって生みだされる基準に最も近いやり方で行動しがちなのである。[1] そのような青年や若い男たちは……フーリガン行動の最も危険な形態に従事する中核集団のマジョリティーを成しているのである」[2]（一九八六年、三六〇〜三六一頁）。

（1）ドミニック・ボダンの原文には存在しないが、ノルベルト・エリアスの原文には、この箇所に次のような原注が付されている。「貧困と失業と『規律化された分割』の複雑で、相互作用的な関係をわれわれがいかに捉えるかということを詳細に説明する余裕はここにはない。その関係の一部は、われわれが理解しているように、『上品な』労働者階級の家庭に生まれた若い失業者の何人かは、フットボール・フーリガニズムに参加することを含め、『乱暴な』労働者階級の家庭に生まれた若い失業者の生活様式の外見にどうやら魅力を感じるらしいという予測にあるといえば、それで充分に違いない」（N・エリアス／E・ダニング『スポーツの文明化』、第九章原注（大平章訳、法政大学出版局、一九九五年、四四七頁）〔訳注〕。

（2）N・エリアス／E・ダニング『スポーツの文明化』（大平章訳、法政大学出版局、一九九五年、三八五頁）、訳文は可能な限り尊重したが、こちらの文脈に合わせて若干の語句を変えたところがある〔訳注〕。

しかし、それでも、エリアスとダニングは、フーリガン行動を、ごく自明のこととしてある社会階級に同化させたり、一般化して考えたりすることはない。「この関係がなぜ存在するのかを理解する前に、その有様から経験までを見てゆかなければならない」（『習俗の文明化と西洋のダイナミズム』、七四頁）。まず、最初にフーリガンの大多数は貧困な社会階層の出身であるように見えるとしても、それとは反対に、社会的に不安定な立場の人びとの全員が、サッカーの試合にやってくると必然的にフーリガンや犯罪者になるというわけではない。次に、たとえ彼らが本当のところはこの問題に関心がないのだとしても、逮捕されたすべてのフーリガンがラフ・ワーキング・クラスに所属しているわけでもない。この点については後述する。最後に、エリアスとダニングが問うているのは、労働者階級への帰属ではなく、労働者階級の社会的機能、その社会性と社交性の形態である。暴力が、ラフ・ワーキング・クラスの引き起こす事象であるならば、それはその社会階級が文明化のプロセスにおいて未発達であるからということになろう。

エリアスの著作のなかで、文明化のプロセスの本質的な面は、社会的結合の図式的な変化に依拠する。そしてその変化は、デュルケーム(1)が機械的連帯から有機的連帯への移行として描きだしたものに比較することができる。このプロセスの様相を描くために、エリアスは「部分的結合」と「機能的結合」という述語を使っている。「ラフ・ワーキング・クラス」は、部分的結合の形をした社会的機能に特徴を見出すことができるかもしれない。そこでは、暴力は葛藤を解消する伝統的な方法である。したがってエリアスとダニングにとっても暴力は留保を要するものであり、この集団が持っている社会的機能の、還元できない部分なのである。サッカーの試合の際に暴力的な仕方で行動してはいるが、彼らは通常の行動を再現しているにすぎない。「部分的結合によって特徴づけられるこの集団では、敵対するものたちの決めごとは、地中海の多くの国でいまでも見られるヴァンデッタ[2]の構図とよく似ている」（『習俗の文明化と西洋のダイナミズム』、三二四頁）。

（1）E・デュルケーム『社会的労働の分割について』、パリ、PUF、一九六〇年。
（2）コルシカ島などでみられる家族ぐるみの仇討ち、復讐劇〔訳注〕。

エリアスとダニングは、以下の四つの観察を通じて、社会的機能を確認する。

「1　参加している集団が、サッカーの観戦に興味を持っているのと同じように、お互いに戦うことに関心を抱いており、ときとして、戦いのほうにもっと関心を抱いているように見えるという事実……」。

「2　対立する集団のほとんどすべてのメンバーが、同じレベルの社会階層、つまり、労働者階級のなかでも『乱暴な』階層に出自を持っているという事実。このことを説明するのは、彼らの戦いが階級間の闘争とは反対の階級内の闘争を伴うものであるという事実が説明されねばならない……」。

「3 そのような集団の抗争が復讐《ヴァンデッタ》のかたちをとるという事実。それは、彼らがとると思われるいかなる明白な行動とも無関係に、特定の個人や集団が、ライヴァル集団に属していることを表わす紋章をつけているという理由だけで襲われるという意味で復讐である。それだけではない。フーリガンのいるライヴァル集団のあいだで発展し、そのような集団の内部で成員の交代があるにもかかわらず、積年の反目が持続することがある。つまり、このことは、特定のフーリガンが持つ帰属する集団への一体感の度合いが、非常に大きいことを示している」。

「4 フーリガンたちの歌や単調なスローガンのなかに表現されている行動の統率感や一体感が、すば抜けて高い。これらの歌やスローガンでたびたび繰り返されるテーマは、『グループ外の』グループを誹謗中傷したり、彼らの気勢をそぐようなものを加え、グループの『グループのなかの』男性的イメージを高めるようなものになる」(前掲書、三三一〜三三二頁)。

グループの性別の構成、広く知られた攻撃的な男性的規則、性的な意味での支配、きわめて幼い頃から植えつけられた集団の形の活動、エリアスとダニングが「ベドウィン症候群[1]」と名づけた複雑な連帯組織、それにアルコールの摂取が、暴力への依存を高める。「部分的に結合したそのような集団の『内集団』

に対する熱烈な愛情、『外集団』に対する激しい敵意は、それがあまりに激しいので、各集団の成員たちが出会うと、対立関係は実質的に避けられない。さらにそのような集団には攻撃的な男性性の規範があり、自制する能力が比較的欠けていることが、集団間の対立を容易に闘争へと導くことになるのである」（前掲書、三三四頁）。

（1）友達の友達は友達。敵の敵は友達。

このアプローチにはいくらか解説が必要である。このアプローチは、まず、規範とは何か、そして結果的に逸脱者たちの行動とは何かを規定する困難に直面してしまう。逸脱者とは、共同体のなかでの調和と社会のまとまりを保証するために、世間の一部が確立した規範を歪めている人のことなのか。それとも少数派でアウトサイダーであるがゆえに、異常と見なされるいくつかの行動に基づいて下された判断なのだろうか（ベッカー『アウトサイダーズ：逸脱者の社会学的研究』、パリ、メタイエ社、一九六三年）。エリアスによれば、近代社会は「沈静化した社会的な場」になる傾向がある、という。暴力に直面する機会は徐々に減ってきて、こんにちでは各人がますます暴力を怖がっている。現在、対立が比較的楽な方法で調整される一方で、暴力に対する私たちの寛容さは驚くほど後退している。暴力についてのあらゆる考えが、支持できぬもののように思える。サポーターの乱闘騒ぎが不安を与えるのは、乱闘騒ぎが二十一世紀の初頭においては、もはや「普通」とは見なされないからである。そうした行動に不安の大きさを感じ取る世間の眼からは、危険と受け取られる。しかし、本当に現実はそうなのか。二番目の問題は、暴力を「文明化されていない」あるいは文明化のプロセスのなかの、未発達の人間の行為として捉える問題である。たとえば「下層労働者階級の『乱暴な』層の男性たちは、目的、地位、満足感を獲得し、学校や仕事の分野で満足できるアイデンティティーを形成することが困難であるがゆえに、これらの目的のために、肉体的威嚇、喧嘩、痛飲、自己本位の性的関係などを含む行動形態に頼る傾向がさらに大きくなる」（エリアス／ダニング『習俗の文明化と西洋のダイナミズム』、三五五頁）と明言している。ただ、もしそう明言するのならば、労働者階級への根深い蔑視を示さないまでも、労働者階級の社会的・情緒的機能を誇張したやり方で一般化している主張に対しては、疑問を投げかけるほうが正当であろう。あるいは、フーリガン現象という、明確で限定された領域において、ひとつの理論があきらかにされているのかもしれない。その理論とは、テーラーのような多くの著者が、いっさい躊躇なく、潜在的な進化論に支配されたものとして告発し批判した理論である。だがここでおそらく「進化論」という呼称は、誇張されている。エリアスの図式的社会学は、文字と図表のあいだに均衡を保ちながら、「文明化の過程」という中心理論を真んなかにおいてできたものである。それは、社会が受け入れることのできる行動や行動規範をどのように磨きあげ、習得し、洗練させてきたかを叙述することと本質的に結びついている。そうした行動規範こそが、中世から二十世紀にかけて、西欧社会を作り上げてきた。

5 フーリガン現象の拡大と認識――メディアの役割

グラウンドの選択や科学的アプローチ次第で、ときにまったくまとまりのないものになることもあるが、それでもアングロ・サクソンの研究はかなりの数の解釈を生んできた。それが後押しする形で、後述のヘイゼルの悲劇は、ヨーロッパ中にその現象を拡大し、集団の表現は、フーリガン行動として広く行なわれることになったのかもしれない。

一九八五年五月、リヴァプール（一九八四年度の覇者）とトリノのユヴェントス（この試合の勝者となる）は、ブリュッセルにあるヘイゼル・スタジアムでクラブ・チャンピオンを争うヨーロッパ・カップの決勝を戦った。リヴァプールのサポーターは、イングランドで最も危険な者たちではないが、相当ひどい評判には事欠かない。したがって数多い事件のなかからいくつかの例を取りだすにとどめておこう。

――一九八五年三月、ウィーンのオーストリア・サポーターとのあいだで、激しい暴力を伴う乱闘が起こる。

——一九八四年、ASローマ対リヴァプール戦で、イタリアの「ウルトラ」との衝突で、四〇名に及ぶ負傷者と、五〇名程度の逮捕者を数えた。

これらが、数ヶ月あるいは数年間に他のアングロ・サクソンのクラブやイングランド代表のサポーターが犯した実にさまざまな暴力事件に付け加えられる。警官隊の数は膨れあがり、気を引き締めていくよう命令が出ていた。二つのチームのサポーターは、随分早い時間からスタジアムに導き入れられ、たった一枚の金網で切り離されていただけだった。機会を待ち、挑発し、侮辱し、威嚇し、酒を呑み、「カネット[1]」を投げていた数人のイギリス人サポーターが、まんまとユヴェントス・サポーターのための「ブロックZ」に侵入し、突撃しはじめる。手一杯の警官隊は、為す術もない。後部席にいたイタリア人サポーターたちは、恐慌をきたして階段席を降りはじめる。何が起きたのか、理解できぬまま揉みくちゃにされ、低いほうの金網に激しく押しつけられる。スタジアムの警備係は、少なからぬ時間、スタンドの下に作ってあった金網の錠を外すよう命令が出るのを待っていた。もしその命令が出ていれば、サポーターが圧死しなくても済んだかもしれない。タフで厳しい直接的な衝突があったのではなく、スタジアムの受動的な警備に欠陥があったのである。二二九〇人もの警備員がいたのに！「スポーツ・イヴェント、とりわけサッカーの試合時における観客の暴力と暴走について」というヨーロッパ協約が一九八五年八月十九日に施行され、右の欠陥は改正されることになる。つまり、予測可能な現象を予防するために遡及的に努力することが必要なのであり、人びとを安心させるために規則やチェック体制を確立しようとする「定期的なキャンペーン」（ベッカー、前掲書）が必要である。また、事件の調査委員会は、チケットが初歩的なセキュリティーの決めごとを完全に無視して「誰に対しても」売却されたことをあきらかにした。いずれにせよ、ヘイゼルで起きた諸々の出来事を緊急に伝えねばならないというメディアの流れのなかで、ジャーナリストたちは、アングロ・サクソンのフーリガン現象についての解釈を大量に、かつ反復して報道し、フーリガンの集団像を作り上げることに広く貢献してしまったのである。つまり、フーリガンというのは、若く、社会に適合できず、日常生活でも軽犯罪を犯していて、アルコール漬けのイギリス人、という像に結実したのである。いかなるときも、そして誰も、この二つの集団の対立について疑問を提起しなかった。さらにリヴァプールのサポーターがこの悲劇の原因であるのかということさえ、問題にされなかった。たしかに、マスメディアが正しく現実を伝えていたのかどうか、一商品と化した情報が本当に真実を気にかけていたのかどうか、問いただすことはできるだろう。おそらく情報を売るということがごく単純に必須なのだから。結局、フーリガン現象は、島国性を離れて普遍化した。解説され、繰り返し言及され、幾度も画像が流され、いつも同じ映像がキャッチ付で現われたからだ。「言葉の重さと写真の衝撃」である。マスメディアは、前例がないくらい、サポーターとフーリガンにヴィジュアル的要素を付与した。かつて彼らはチームを支えていた。フーリガン行動は、サポーター行動の極端な逸脱であり最終的な形だった。だが今後、彼らはますます有名になり、彼らの行動はフーリガン行動と認識されることになるだろう。ヘイゼル事件のメディア化は、欧州レベルまで事件が拡大するのを速めた。ただ、速めただけである。なぜなら、フーリガン行動はかなり前からヨーロッパの他の地域にも存在したからである。イングランド・サポーターの他の国への侵攻は、一九七五年から八〇年にかけて起こった似たような形の暴行事件の起爆剤となっていた。この問題に対して国内外のサッカー機関は沈黙した。さらに驚くのは、ジャーナリストたちの沈黙である。フーリガン事件は、一九七九年以後のパリ・サンジェルマンの試合（ルイビ、一九八九年）、八〇年以降のマルセイユ、ストラスブール、ナントの試合に散見される。ベルギーのサッカーも八〇年代から同じ問題に直面している（デュプイ、一九九三年）。ヨーロッパのサッカーについてのブルッサールの詳細な著書、『サッカーのウルトラスについての調査』では、ほぼ同じ時期から例外なくヨーロッパすべての国で敵対する事件があったと指摘されている。つまりフーリガン事件は、アングロ・サクソンに限るものではなかった。

（1）ビールやジュースなどの壜のこと。

しかし、ヨーロッパのほかの国に先駆けてイギリスで起こった社会・経済的難題を別にすれば、なぜこの国がこの種の暴力に関わり、関連づけられているのかと問うことは可能である。理由は簡単。ベルギーやオランダで猛威を振るう非常に暴力的なフーリガン行動とも共通するポイントだ。それは、諸クラブチームの地理的な近さである。一九九六年には、ロンドンならびにその郊外だけで一一以上のクラブがイングランドのプレミア・リーグとセカンド・ディヴィジョンに所属していた。イングランドの面積はフランスの四分の一で、ベルギーとオランダは二つ合わせても、フランスのアキテーヌ地方より狭い。闘争行動はしばしばスポーツのライヴァル関係のなかで起こる。ライヴァル関係は、場所とテリトリーをめぐる対立関係と結びつきながら、「都市、国家、階級、危機意識からなる独特の歴史に」（ブロンベルジェ『サッカーの試合』、二四二頁）根をおろしている。

しかし、フーリガン行動の拡大に果たすメディアの役割は、緊急の事件のハイパーメディア化にとどまらない。フーリガン行動と戦うために、アングロ・サクソンのジャーナリストたちは「サッグス・リーグ」（悪党連盟）を作りだす。フーリガンの集団に公然と烙印を押すことによって、フーリガンと戦うという、それ自体はご立派な目標ではあるが、誰の目にもあきらかな形で、若いサポーター連中に利用されることになる。サッグス・リーグで首位をキープすることは、徐々に各グループの目標になる。こうした「邪心的効果[1]」が、グループ間の競争と暴力を煽りはじめる。フランスの『サップ・マグ』（サポーター・マガジン）の創刊についても同じことが言える。もともとの狙いは、サポーターを俎上に乗せ、彼らの「ティフォ」（独自のパフォーマンス）を知らしめて、評価することが目的だった。だが、最優秀サポーターという公式の格づけによって、少しずつ敵意と競争心が芽生えていった。この雑誌は、内容を、より堅いサポーターの団結心へとシフトさせ、多くの記事でフーリガンを扱った。かくして「サッカーの競技場は、ただサッカーだけでなく、戦いや『喧嘩』が規則的に起こる場所としてますます『宣伝』されはじめた。このことが労働者階級の『乱暴な』層の若い男たちを、多く吸収することになった（略）」（エリアス／ダニング『習俗の文明化と西洋のダイナミズム』、三六三頁）。メディアがフーリガン現象の原因ではないとしても、少なくとも拡声器や増幅器、あるいは触媒の働きを果たしたのである。メディアは、広い範囲でフーリガン現象のプロモーションに貢献した。

（1）R・ブードン『邪心的効果と社会秩序』、パリ、PUF、一九七七年。

6　フーリガン現象の拡大、研究の多様性、結果の収束、フーリガン現象の変化

アングロ・サクソンの大学では、この問題に少なからぬ数の研究者が取り組み、指導しているが、フーリガン現象がヨーロッパ全土に広がると、ヨーロッパレベルでさまざまな研究が姿を現わした。なかでも二つのアプローチが評価されている。一つはきわめてフランス的な研究だが、フーリガン現象を周辺的な出来事として捉え、サポーター集団の内部機能を通じて、フーリガンをサポーター活動の統合的部分として捉え、サポーターにのみ関心を払うという立場。もう一つは、ナショナリスティックに、あるいはローカルに、フーリガン事件を理解し解釈しようとするアプローチである。一九九二年から、ベルギーでは、コムロンの指導のもと、「ファン・コーチング」（サポーターの教育）を導入し、暴力の削減を狙った結果、引き起こされる悪影響を正確に把握しようとした。

イングランド起源の「ファン・コーチング」は暴力を未然に防ぐという目的において抑圧的存在であり、サポーターの監視役である（フランスでいうスタジアム統括者の役割）。他方、若いファンのためにさまざまな活動（スポーツの試合、旅行）を企画することを通じて、いわば試合の前段階で警戒作業を行なっている。この部分は、街中にいる教育指導員の仕事に似ている。フランスで最も甚大なフーリガンの被害を受けたPSGだけが「ファン・コーチング」を実際に導入した。他のチームは自分たちの場所にスタジアム統

括者を配するにとどまっている。

こうしたさまざまな研究は、模倣によって暴力を習得しようとするプロセスや、諸集団の規範への適合、集団内でステータスの追及や、集団のあいだで起こる抗争を対象としている。それらはフーリガン現象をサポーター行動の下位文化（サブ・カルチャー）に位置づけている。

しかし、ヴァン・リンベルゲンらは、ベルギーのフーリガンの社会的排除の問題を継続的に研究し、「社会生活上の脆弱性」という概念を導入する。ベルギーのサイド席（フランスのヴィラージュ席と同じ）にいる硬派の中核メンバーについていえば、刑事資料では、家族・社会構成上の問題が顕著に現われている。彼らのうち四〇パーセントは学業期間が短く、就学期間にある者のうち、たった一六パーセントしか規則的に学校に行っていない。社会状況と不安定な生活のなかで、彼らは伝統的な「ブルジョワ的」価値観（しつけ、礼儀、法の尊重……）と頻繁に対立する。七五パーセントはもっと低年齢から軽犯罪に手を染めており、警察にリストアップされている。

どんな控えめな研究でも、さまざまな著者にあきらかな共通点が二つある。

――フーリガン行動は、間違いなくサポーター行動であり、サッカーの外部での個人行動ではない。フーリガンはすべて組織集団に属している。ドラッグ使用に関するメタファーを用いるなら、サポーターの一〇〇パーセントがフーリガンではないとしても、フーリガンの一〇〇パーセントは正真正銘のサポーターである、と断言できる。だが、実際、エランベールが示しているように、フーリガンは「サポーター行動の極端な逸脱」である。「もっと正確に言うならば、応援の伝統とフーリガンを区別するもの、それは階段席への移動である。つまり、試合がグラウンドで行なわれている一方で、両チームのサポーターは、それと同時に肉体を使った抗争に入ることになる。フーリガンの行動は、文化とスポーツの伝統を拠りどころにし、それを変えながら、乗り越えていく。彼らの暴力は、グラウンドのなかにある誰の眼にもあきらかな焦点を、階段席のほうへ移動させるのである。」（エランベール『成績信仰』、五八頁）

――フーリガンは結果的にサポーターの人数に制限されるという事実。集団の中核は、ホームであろうとアウェイであろうと、リーグ戦試合すべてを観られる者とリーダーとで必ず構成される。人数には幅があって、十数名から、マルセイユのサウス・ウィナーズのように二〇〇人から三〇〇人を数えるものまである。「中核」という表現は、若者の非行に関する研究で使われる定義とは違う。だが結果は同じである。ロシェ（二〇〇一年）、ドバルビュ（二〇〇二年）の研究に似せて言うなら、五〇パーセントのフーリガン行動は、五パーセントにすぎない「超活動的な中核」たる個人の行為である。[1]

（1）この点は、ドバルビュの著作『日常的抑圧――マイノリティの軽犯罪についてのアンケート』（二〇〇二年）のこの概念の使い方を参照のこと。一〇五～一一二頁。

実際、フーリガン現象を都会（あるいは、この本のなかでの用語法に従えば、都市）の暴力、少数による軽犯罪、あるいは学校での暴力に関する研究から区別して考えることは、たいへん難しい。というのも、問題となる大衆は、少なくとも大多数が同じだからである。彼らは頻繁に社会統計学的に同じプロフィールを持つ。

ヘイゼルの悲劇以後、フーリガン現象の構造上の進化もまた特徴のひとつである。社会的な取締まり（欧州協定、国家レベルでの法律、スタジアム周辺の安全区域、入場チェック措置、ビデオ監視など）が実行されると、新しい形のフーリガン現象が生まれる。「カジュアル」[1]という暴力的サポーターは、外見からはなんらグループの特質を示すものをまとっていない。安全区域やスタジアムで入場の際に行なわれる、機動隊やスタジアム監視官[2]による検問は、ナイト・クラブのチェック係の仕事に似ている。自分の属する集団やグループのバッジをそれとわかる形でつけている若いサポーターは、他の者よりチェックの対象になり易い。一見何もなくきちんとした身なりをしているため、「カジュアル」は人に安心感を与え、簡単にスタジアムへ入ることができる。フーリガンが目立たなくなり、見分けにくくなってきているのである。

（1）「カジュアル」という言い方は、「カジュアルな装い」「普通の、普段の恰好」から来ている。だがフーリガン分野での独自の使い方では良い恰好、ブランドものを身につけるという意味になり、暴力防止措置や検問をすり抜けるために「カジュアル」を利用する。近年のフーリガンといえる「カジュアル」は、こうして見違えるほどに成長し、検問時には元々そなわっていたかのような貫禄をみせる。

（2）一九九五年一月二十一日、第九五〜七三法二三項の適用のため、一九九八年以降、スタジアムは企画者の責任のもとにある。

第二章　諸批評と論点

アングロ・サクソンの国々およびヨーロッパでのフーリガン現象の出現に関する研究は、その現象を超越的に定義する視点を強調している。しかし、それだけに甘んじていてもいいのだろうか？　スポーツにおける群衆の暴力に着目することだけが研究方法なのだろうか？　また、この暴力は、見かけ同様、均質な暴力なのだろうか？

I　問題への限定的な視点

ヴィエヴィオルカの提案（一九九九年）を参照するならば、物理的な暴力の問題に人が関心を示す場合、おもに三種のアプローチが可能である。一つは、なんらかの人物、グループに暴力行為や破壊行為を犯すよう仕向ける社会的・制度的な機能不全を考慮に入れること。二つめは、暴力を手段方法と見なすこと。つまり、暴力は別の目的のための一つの方法となる。三つめは、個人にしろ団体にしろ、みずからをスター、すなわち暴力を振るう人間としての立場に位置づけること。暴力が一つの方向を持ち、行動が裏に期待を隠している場合、欲望や、一種の賭けを受け入れることになる。

一九八〇年代の初めから、エリアスの指導のもとに、この種の研究はいっそう、文化的解釈の方向を取るようになった。だがそれでも、先立つ研究を読むならば、諸分析が、前記の二点にしか関わっていないことは自明と思われる。最初に注意したいのは、こうした研究の特質や真実性を問題にするつもりはない。その研究の限界を見極め、理論と使用された概念モデルとの価値を下げるのでもなく、ちょうどブルデューが言うように、知識層の創造活動は、ある時代の社会的制度の発現と反映でしかないということを確認するだけである。

諸研究が答えようとした疑問は、誰がフーリガンなのか、そしてなぜなのか、という疑問である。そこから導かれる解答や分析方法は、サポーターの暴力を単なる標本とし、社会学化するだけの犯罪学的視野や原因分析にとどまる。つまり、フーリガンは若くて貧しいという理由で、非行に走り、凶暴になる（ボダン、一九九九年）。暴力が反射行為であるのと同時に、十九世紀のなかばからよく知られている要因の結果だと見なされる。つまり、暴力は必然的に男性的で、未成年のものであり、都市に特有で、きわめて貧しい者たちによって振るわれるのだ、と。こういった原因分析は犯罪学の古典的方法である。多少の関心はひくものの、特定の個人（若者、社会から排除された者など）だけでなく、完全に社会に組み込まれているごく普通の人も犯している類似の悪事については、その理由や動機を何も説明していない。非行や暴力について研究する社会学者も、もうずいぶん前から、年齢、性別という要素を非行・暴力の原因にしなくなっている。その年齢層を示すグラフの曲線は、二十歳あたりでピークに達する。ゴットフレドソンとハーチ(1)は、年齢、性別の影響が時代や場所の違いで変わることがないことをあきらかにし、「不変性についての学説」を提起する。このように原因を特定することで、研究者たちは、フーリガン行動が取る社会的プロセス、個人の動機、多様な原因や形態を無視する。あるいは、フーリガン行動が熟慮された行動であり、複雑な行動連鎖の枠組のなかで、普通とは異なる多様な論理を見出した社会的構成体であるという考え方を即座に棄却している。もっといえば、ファクターを明確にすることが、必ずしも因果関係をわかりやすくするわけではない。なぜなら、この段階で、（目指している）ファクターと（互いに機能する）因果関係を区別すべきだからである。社会学が、社会からの排除者を対象とすることが多いとしても、たとえば、社会的排除、社会統計学的側面、前歴などは、それだけでは原因にならない。さまざまな危険要因を結び合わせることだけが、偶然にも原因となったり、少なくとも仮定になるのである。さらに、それを解釈し、歴史と社会のダイナミズムにおいて再現するという仕事が残っている。こうした研究は、戦後のモダニズムの低迷にまず関心を向け、一九六〇年代から七〇年代にかけての「懐疑の社会学」と呼ばれたイギリス系社会学の伝統的な思潮に属する。社会・経済学の分野でこうした社会学者が着手したテーマである社会的葛藤、不平等、さらに労働者階級の中産階級化は、フーリガン現象を説明するために使われたテーマにとって啓発的であり、また同じテーマでもある。諸研究は、当時のアングロ・サクソン社会で絶え間なく増加していた二元化に関わる。そして民衆のサッカーがフーリガン現象という名のもとに変態を引き起こした暴力が、政治的な位置、階級闘争の位置を獲得するに至る。

（1）M・R・ゴッドフレドソン／T・ハーチ『犯罪の一般理論』、スタンフォード、スタンフォード大学出版、一九九〇年。

Ⅱ　フーリガン事件における数字――イデオロギー化したデータ

アングロ・サクソン系の研究領域で使われたデータを細かく読んでいくと、多くの点に信憑性がないことがわかる。つまり、構築された学識が、イデオロギーの構築物になってしまっているのだ。

まず、エリアスとダニングをはじめとして大多数の研究が、NCIS（National Criminal Intelligent Service、これはフランス総合情報局の英国版）の書類をもとにしている。批評作業が公的な資料に逆らうことは、周知の事実である。それは不完全なのだ。数字は逮捕されたフーリガンしかカウントしていないが、彼らが最も活動的なのだろうか？　おそらく、端的に言って、彼らは最も馬鹿者である。事が起こる前に助けてもらえない者か、逃げ足の最も遅い者である。これは青少年の非行に関するロシェ（二〇〇一年）の言い方である。さらにほかの事実も、別の場所に記載されている（フランス国有鉄道は、列車被害について述べ、サポーターが引き起こす安全区域外の暴力事件では、それが都市の軽犯罪に類似したものとして記述されている）。社会的な出自に応じて、違反者には不平等な扱いがある。「未成年の非行についての研究がわかりやすく示していることだが、法律はある者たちに対して偏った形で適用される。中流階級の少年が逮捕されるとしても、貧民街の少年たちほど、罪を問われない」（ベッカー『アウトサイダーズ：逸脱者の社会学的研究』、三六頁）。暴力となんの関係もない事項も一緒にされる（イングランドでは、スタジアムでの麻薬所持がフーリガンと同様、ブラックリストに記載される）。つまり、こうしたデータには信憑性がないのである。いかなる場合も、フーリガン行動の現実を反映していない。

さらにこの同じ研究では、統計資料の処理と有効性に明白な問題がある。ハーリングトン（一九八六年）、トリヴィザス（一九八〇年）、エリアスとダニング（一九八六年）、ヴァン・リンベルゲン（一九八八年）、ダニング（一九八九年）の研究では、母集団人数を誰も参照していない。スタジアム全体の人数なのか、サポーターなのか、都市部なのか地方なのか。フーリガン行動に参加するなかで、どの階級に属する者が率として高いかを示そうとする因数的なアプローチにおいても、書式にあきらかな不備がある。研究は有効であるとしても、母集団人数の社会的分布に対して、フーリガンのなかの恵まれない階層が過度にその集団を代表せざるをえなくなっている。そのうえ、こうした同じ研究では、捕まったフーリガンのなかでも、一番重要性の高い連中しかコメントしないのだ。（学生や上級会社員など）「さほど集団を代表しているわけでもない」けれど、それでもやはりフーリガンの事実を象徴しているカテゴリーは、すっぱりと切り捨てられる。なぜなら、共通項は、暴力へ訴えるという一点のみであり、社会的な帰属ではないからだ。つまり、特異性を取り上げたり、議論したりするためのすべてが欠けている。

はっきりと際立っている社会的分類化だけが、価値あるものなのか？　経済的な危機にある社会で、いくつかのプロフィールを分類するためには、以下の注意が必要である。

――最も若年の者が、経済危機によって最も強く影響を受ける。彼らには経験がないので、仕事を見つけることができない。それは、フランスと同様にイギリスにおいても、七〇年代からずっと現実である。景気の悪い社会で無職の若者が多数いるのは、異例のことなのか？

――失業者は均質な社会のカテゴリーを代弁しているわけではない。労働者や会社員、上級の知的な仕事に従事している人でも、失業者になる可能性はある。失業にも長期と短期がある。いずれにしても、個人の立場、収入、自己イメージは異なっている。さらに、若い人たちの社会的不安定ないし排除を判断するためには、両親の職業にも目を向ける必要がある。

――生徒・学生のカテゴリーもやはり不均質である。

ここで議論されるべきただひとつのカテゴリーは、上流階級である。ダニング（一九八九年）は、上流家庭でフーリガン行動に没入するのは、世代間で漸増する社会の変わりやすさを経験した者たちであるという仮説を提示した。彼らは彼らの親たちとは違った職業に就いているが、暴力というやり方で、自分の社会階級の習慣をかたくなに守ったと思われる。しかし、世代間で逆転する社会で、変わりがたさを体験した者たちについてはどのように考えればよいのだろう？

前面に出てくる数字は、誰が暴力的か、それはなぜか、との問題に対し、「部分的」にしか答えを与えてくれない。こうしたデータを援用し、そこから作りだされる使用法は、フーリガン現象についてイデオロギーに染まった読解と分析を強要する。フーリガン現象を狭い範囲に限定してしまうので、そこからダイナミズムを再構成したり、ゲームと暴力のあいだや、さまざまな競技者たちのあいだにある絆、サポーターとフーリガンの関係性ないし相互作用を観察することを妨げている。社会学が、量的側面をないがしろにすることなくそれを乗り越えてゆけば、社会学自体理解しやすいものとなるだろうし、前記の研究者たちが感じたような状況の論理を、真正面から解釈しようと試みるならば、それだけ多くの事実が観察できるようになるだろう。

Ⅲ　暴力について

前記のさまざまな研究は、年代によって暴力を区別していないし、暴力の頻度が偶発的に変化することや、暴力が社会でどう認識されているかを区別していない。

唯一留意されている基準は、暴力の「組織化」である。さらに暴力は五〇年代以降、構造化された一連の事柄であるようだ。しかしなおそれでも、フーリガン行動を、他の暴力や日常の軽犯罪から区別することができていない。くわえて、ある部分では、サポーターのグループとして集団は変化し、組織化されるので、暴力が集団のものとなるのも当然のようにみえる。しかし、スタジアム内や周辺で、暴力行為は多くなったのか、少なくなったのか？　昔よりも頻度が高くなったのか？　前述したトレインターの業績、一八八〇年〜一九一四年のイングランド地方紙研究のルイスの業績、そして七〇年代から八〇年代にかけてのイタリアにおけるフーリガン事件の増加に関するロヴァーシの業績[1]、これらを除くと、いかなる研究も次のような目的で問題に取り組んでいない。その目的とは、現象は悪化していると判断するのか、それとも、研究者やメディア、大衆が、「不安の感情」と呼ばれるものに屈ったしたのかどうかを観察することである。こんにち、スタジアムでの安全管理の充実に比して、スタジアムから離れた場所で多くの事件が発生しているので、分析がとりわけ難しい分野となっている。さらにすべての事件が報道されているのかどうかも怪しい。いくつかの事件は、過剰にメディアで再現され、反対にそうでないものは、ジャーナリストがいなかったという理由で、人びとに知らされることもない。こうした方策のなさが原因で、はっきりとしているのは、「グラウンドと客席の暴力の展開をどう評価するか、その難しさである。同時代の感性が受け入れがたい行動と捉えるものが、過去においては軽い、正当化できる程度の喧騒として見なされていたのかもしれない」（ブロンベルジェ『サッカーの試合』、一九九五年、二七七頁）。五〇年代に人気を博したダンス・ホールがその一例である。ダンス・ホールはどれも、最終的に乱闘騒ぎでお開きになるのが「普通」であって、それは充分に予想可能なことに思えた。しかしこんにちでは、同様のことが毎土曜日のディスコで起これば、なにか信じがたいことのように思われる。シェネ（一九七七年）のモデルをみると、暴力の意味は、時代と場所によって変わる。逆に、スタジアム周辺での暴力は、ありふれたものと見なされ、こんにちでは、偶然にも縮小傾向にあるような印象がある。このように、ヨーロッパ・サッカーのフーリガン現象の進化を具体的に考察するための客観的な指標が、無残なくらい欠如しているのである。だが、この問題は新しいものでもなければ、フーリガンだけに限定されるものでもない。つまり、都市型暴力は、明確な基準があるにもかかわらず、総合的なやり方では数量的な把握が難しい。暴力の進展に加え、こうした数量化ができれば、さまざまな実践活動の効果をどう評価したらよいか、その材料を警察に提供するはずである。

（1）R・W・ルイス「一九一四年以前のイングランドにおけるサッカー・フーリガン現象――ダニング論文批判」、『スポーツ国際ジャーナル』、第十三巻三号、一九九六年、三一〇～三三九頁。A・ロヴァーシ『イタリアにおけるサッカーの暴力』、一九九一年。

Ⅳ　フーリガン――均質なカテゴリーなのか？

個人やグループを「フーリガン」としてカテゴライズする場合にも、同じ事情がある。フーリガンを、定期的に暴力をふるう者たちに限定すべきだろうか。ならばどうやって、「内部から明かすフーリガン現象」の調査結果以外の暴力を知ることができるのか？　たしかにいくつものフーリガン・タイプがある。場合によっては暴力に訴えることもある「偶発的な」フーリガンから、「慢性的」フーリガンまで。後者は、フーリガン行動に喜びを見出す個人を集めて、生活のなかにフーリガン道を打ち立てるのだ。だが、偶発的なフーリガン行動にしても、快楽と無縁ではないだろう？　挑発や危険に直面すれば、事件を起こしたり、応戦したりするのではないか？　このフーリガンも防衛機制に登録されるのだろうか？

あるいはこのフーリガンこそが「長く続く逸脱人生」（ベッカー、前掲書）の序曲なのだろうか？「慢性的」フーリガンは、彼の日常生活においても「慢性的」な犯罪者なのだろうか？　こうしたさまざまな疑問に答えることで、フーリガンたちは日常生活でも犯罪者であるという決めつけに、反駁したり、確認したり、あるいは変更を加えたりすることができるかもしれない。しかし、ブラックリストに載っているフーリガンたちは、本当にフーリガンなのだろうか？　前述の留意事項（II　フーリガン事件における数字）は、この件に関してさまざまな要素が混合していることを示す。フーリガン現象に特有のこうしたアプローチは、「社会集団が規則を作ることで、逸脱者を生みだしている、つまり、規則の違反者が逸脱者となる」（ベッカー『アウトサイダーズ：逸脱者の社会学的研究』、三二頁）という事実も、考慮しない。最も簡単な例を挙げれば、サポーターが観客席に活気を与え、「燃え立たせ」、飾り立てるために使用する発炎筒とベンガル花火である。観客席の興奮が、お祭り気分を盛り上げ、応援に刺激を与える。しかし、アリオ・マリー法[1]では、「スタジアムへの花火などは持ち込み全面禁止」になっており、サポーターと最も凶悪なフーリガンを同一視している。二〇〇〇年、マルセイユの「ヤンキー」のリーダーに対する、スタジアムへの立ち入り禁止措置は、その一例である。こうした禁止事項そのものは理解できる。たしかにいくつかの「ペン型花火」や発煙機器は、敵側の客席に対して砲弾の役割を果たすこともある。しかしながら、大多数の「普通のサポーター」が、応援すること以外なんら企んでいなくても、この法律の掲げるたったひとつの違反だけで、全員が違反者になってしまうというのも事実なのである。

(1) 一九九三年十二月六日付法律第九三号一二八三。「スポーツ関連催事の安全に関わる法律」。スタジアム内での違法行為に対し、法的かつ抑止的枠組を作った。

V スポーツ催事の影響

スポーツ催事のカタルシス効果は見せかけにすぎない、と昔から思われてきた(ブロンベルジェ、一九九八年)。スポーツはギリシア悲劇とは違う。上演される悲劇を観客たちは知らないのである。結末は不確定であり、くだされる審判は、怪しく、信用できない。サッカーで判定するのは、ファールそれ自体ではなく、ファールの意図があったかなかったかである。タックルは背後から行なわれたのか？　ハンドは故意なのか？　ただし、スポーツ催事の効果に関する研究は、フーリガン行動についてはほとんど言及していない。自然発生的な暴力と計画的な暴力を区別し、計画的暴力に対して、フーリガン行動を特徴づけるべく広く採用されている定義を結びつけるならば、そこで終わりで、試合とその結果にかかわる要因は排除されてしまう。ごく少数の研究が、たしかにフーリガン行動と思えるケースで、暴力的な光景から生まれる煽情的な影響に注意を向けている。しかしながら、その研究結果も、暴力シーン、あるいはヘタクソな試合運営にたまたま関わった観客が、攻撃性を刺激されているということしか示さない。たしかにいくつかの要因（試合の重要性、争点、審判の質、サポーターが審判に「裏切られた」と感じたときの表現方法など）が考えられるが、このすべては、試合結果に結びつく不確かさと同じである。ヨーロッパ五ケ国（ドイツ、イングランド、スペイン、フランス、イタリア）のサッカーの試合で、スコアの変遷を研究したクランシェ[1]は、サッカーが「不安定性」（結果が他のスポーツよりも見通しにくいこと）と、「非静性」（両チームに充分な点差がない限り、試合はどちらにころぶかわからないこと、ペソアから借りた用語）に特徴があり、そうした側面があるからこそ大衆の情熱に影響を与えていることを明示した。情熱から狂気までは、おそらくほんの一歩である。ヨーロッパ選手権（二〇〇〇年）決勝のフランス対イタリアをみればわかるだろう。このスポーツは、あきらかな演劇性とドラマ性を有している。だからこそいっそう、魅力的で談論風発のスポーツの複雑性が加わる。競技場で選手たちが混ざり合うということが、作戦・戦略に多様な可能性のある不確かな競技を生みだす。まさに「遊牧民の競技であり、縄張り争いの競技[2]」なのである。

(1) P・クランシェ「サッカー、不安定性、情熱」、『スポーツのスペクタクル』所収、『コミュニケーション』六七号、一九九八年、九〜二三頁。
(2) B・ジュ『スポーツ、感動、空間』、パリ、ヴィゴー社、一九七七年。

第三章　サッカー――普遍的スポーツから党派的情熱へ

フーリガン現象を理解することは、まずサッカーに関心を持ち、このスポーツがスポーツの空間で何を表現しているのかを知ること、そして他の活動とどのように違うかを理解することである。

I　普遍的スポーツ

一八二八年から四〇年までラグビーカレッジの指導者だったトーマス・アーノルドが、イギリスの「公立学校」に運動競技を導入し、ボール競技の規則をアレンジしながらサッカーを突然、作り上げた。そのとき、誰も、このもともとは身体的で教育的な活動が、少なくとも二世紀にわたって真に普遍的な唯

スポーツ（フランス）	登録選手（二〇〇二年一月）	一日平均の観客数
バスケットボール	四三万七一九〇人	三二〇〇人
サッカー	二一五万四四二人	一万四二〇〇人
ハンドボール	二七万三七九三人	四〇〇人
ラグビー	二六万四六二八人	三一〇〇人

これは、諸連盟から提出された資料で、観客数は、一九九六〜九七年シーズンの一試合平均の数を表わす。なおこれは相互に比較可能な唯一の資料である。ただし、なかにはアンバランスな要素もいろいろと混じっていて、参考までにとどめなければならないだろう。それに、多様な選手権の運営上の差異も考慮しなければならない。

Ⅲ　都市への定着

しかし、こうした対比とは別に、クラブが一部リーグに定着することには特別な意味がある。すべての大都市がサッカー・チームを誘致する。一方で、中規模の都市には他のスポーツが導入される。[1]理由は簡単。ヴァールによれば（『足にボール：フットボールの歴史』、五五頁）、サッカーが伝播したのは「指導者層の意思とは別の要素に比例しており（中略）、一九二〇年代末からずっと、地理的条件と鉄道網がサッカーに大きな影響を与えてきた。つまり、一つの駅に、一つのサッカー場を作ること、それが規則なのである」。中心都市や、商業・交通の要所である都市が結びつけられた。しかし、（サッカーの）大都市への定着が観客の熱狂を強力に演出するというわけにはいかなかった。ブロンベルジェ（一九九五年、一九九八年）は、ヨーロッパで偉大なチームを受け入れ、このスポーツへの例外的な熱狂を経験することは、災害に見舞われたことのある都市の特質である、と指摘する。この例として、フランスではマルセイユ、イングランドではリヴァプール、イタリアではナポリを挙げることができる。サッカーを隠喩として使えば、こうした街が自分自身のシャンデリアを見つけ、昔日の輝きを再発見することを、サッカーは手助けしてくれるのだ。

（1）L・ラヴネル『フランスにおけるサッカーの地理学』、パリ、PUF、一九九八年。

フーリガン現象を、クラブのある都市に住む人口の問題に直接結びつけることは行き過ぎだろうが、その地理的分布はいくつかの点で注意が必要だ。

――よくあることだが、サッカーは、都市のゾーン[1]、つまり、フランスで記録される犯罪の大部分が起こる場所に根づいている。

――サッカーはまた、選手数の面でも高水準のクラブの面でも、伝統的に最も犯罪被害の多い地域に根ざしているが、これは他のスポーツの連盟以上である。「こうして、四つの地域圏（イル・ド・フランス、プロヴァンス・アルプ・コートダジュール、ローヌ・アルプ、ノール・パ・ド・カレ）はそれだけで、フランスの主要都市圏で確認された全犯罪の半分以上（正確には五四・七二パーセント）に関与している」（内務省資料、二〇〇二年、一四頁）。

（1）「ゾーン」は、都市部とその郊外の接する地帯を意味する〔訳注〕。

サッカーの観客たちは全員犯罪者であると決めつけたり、大衆のなかの不良どもをたしかに他のスポーツ以上に惹きつけるなどと遠まわしに言ったところで、何にもならない。そうではなく、サッカーは、ごく簡単に言って、他のスポーツよりも「危険なゾーン」に根づいているのである。四大集団スポーツの一番上のディヴィジョンに属するクラブが、犯罪と非行の一覧表のなかにある、安全性に問題のある区域にどれくらい根づいているかを比較してみるならば、サッカー・クラブは、あきらかに、住民一〇〇〇人に対して最も高い頻度で犯罪が起こる都市に置かれている。DCSP（中央国家安全局）は一九九五年に、スポーツの集団暴力についてこう報告した。「スポーツの暴力と都市型の暴力のあいだには一段と顕著になってきた同化傾向が見られる。（中略）騒動の起こりやすい都市に由来する一連の非行行動に特徴を持つ暴力である（略）」（注番号九五六五番、一九九五年、三〜四頁）。

Ⅳ　大衆の行動

ヨーロッパの国々でよく見かけるように、スポーツ群衆の行動は、都市の環境のなかにスタジアムを新設することによって複雑になる。スタジアム新設が巻き起こす諸問題や、スポーツ群衆の行動と制御の問題は、観客数に比例している。だが、フランスの観客は、量的にはヨーロッパの他の国々に遠く及ばない。もっと具体的に言うと、ＵＥＦＡ（欧州フットボール連盟）によればスペインやイングランドやイタリアの半分程度である。ただそれでもやはり、シャテルローのような街（住民三万五六九一人）の人口と比較できるくらいの、大量の人間が移動することは、考慮に入れておかなければならないだろう。人びとの波は試合前の数時間でスタンドに押し寄せるのである。したがって警備係は、隅々まで捜査したのち、人びとが危険から身をかわせるように移動を制限し、地域の人びとが自由に行き来し公共の秩序を維持するためにも、スタジアム周辺に安全地域を確保する必要がある。ただ、こうしたすべてがさらに数多くの問題を作りだしてしまう。たとえば、パリの一六区に作られたパルク・デ・プランスの場合には、安全地域を作れば、モーツァルト大通りのような主要な道路はどうしても通行禁止になる。「この区域の安全問題は、非常に重要である。実に多くの要素を考慮しなければならない。まず、近隣関係。住人の生活を可能なかぎり乱さないよう配慮しなければならない。破壊行動を未然に防ぐためには取り引きが必要だ。児童の出入りを確保し、医療用の緊急車両や消防車が自由にアクセスし、行き来できることなどが必要とされる」（監視員ＪＰＰ、一九九八年）。

とすれば、激情にかられ狂信的な愛国心に燃えたぎった群衆と一緒にいるような状況下で、一人ひとりは孤独な個人でありながら度を越した行為に突っ走る群衆の熱狂や祝祭的行為に触れるならば、試合のあいだだけは事件は起こらないなどと、どうして考えられるだろう？　街全体よりもスタジアムの暴力のほうが問題が少ないなど、ありうるのか？　集団が引き起こす事件の数と、彼らが匿名の誰かであるということのあいだにはあきらかな関係があるのだ。私たちはル・ボンの思想[1]やその後継者たち——フロイド（一九二一年）とモスコビッチ（一九八一年）——の思想に全面的に共感することはできない。とくに、無意識の人格を助長するために意識的人格を後退させる問題や、集団のなかの個人が「文明の階梯を数段」降りる問題（ル・ボン、前掲書、一四頁）にはまったく同意できない。だが、群衆のなかで人間は、彼が社会的に自立した個人であればやるはずのない行為を犯すことがあると認識しておく必要はあるだろう。群衆は、権力と不敗性の感覚を個人に与えるのだ。ごく普通の人間でさえ、無意識的にあるいは遊び感覚で、彼がノーマルなときであれば厳しく罰するはずのことを犯すこともある。

（1）G・ル・ボン『群衆の心理学』、パリ、PUF，一八九五年。

ただ、右の説明に満足するのであれば、フーリガン現象とは、群衆のなかで人間性を動物性に譲り渡す野蛮人を作りだすだけのものであり、非理性的で分別を喪失した現象にすぎなくなってしまう。オピニオンや感情が徐々に浸透するように、たしかにいくつかの行動は群衆のなかに定着し、部分的にしろ暴力行為を説明するかもしれない。だがこうした形で推論ができなくなれば、積もりつもったフラストレーションの結果、自然発生的に出てきた暴力であれ、群衆が支持するリーダーたちによって指図され大々的に組織された暴力であれ、その研究には限界ができてしまう。それは別々の問題である。暴力的大衆は自分たちの行動を充分に意識している。そもそもあらかじめ考えもせず、組織だってもいなければ、フーリンガン現象について語ることなど不可能であろう。あらゆるデモ行進がそうであるように、一方にはすべてに気づいている当事者たちがいて、他方には、彼らに盲目的に従い、単純にいえば、別のやり方で行動することを選択しなかった（グループに所属している）し、もはや選択もしない（なぜなら自分の身を守らなければならないから）人びとがいるのだ。

第四章　スポーツの群衆——雑多な世界

スポーツ群衆の構成に関して、ひとつの偏見と社会通念が広まっている。スタジアムに足を運ぶ民衆は、下層階級に、いわば恵まれない社会階級に属しているらしい。長いこと軽蔑され、一種の役立たずとして貶められてきた大衆のスポーツ、なかでもサッカーは、「すぐれて低級な対象」（エランベール、前掲書）として捉えられてきたのである。こんにち、自分がサッカーに関心を持ち試合にも足を運ぶと認めたり公言することが、知識人や上流階級の人びとにとっても、上品なことと見なされている。だがかつてこのスポーツへの情熱を告白した人びとは、無教養な人間と見なされていた。この偏見はおそらくサッカーの社会的歴史に起因する。また、もともとサッカーをやっていた人びとやその民衆の社会人口統計学の特徴が原因なのである。しかし、観客（語の発生的な意味で）は均質な群衆ではない。

I　大衆の「職業と社会階層」

フランスのサッカーの試合は、少なくともこの数年は、最も恵まれない大衆階級を寄せ集めるスペクタクルというわけではない。大衆を集める方法は、実にさまざまな形で多様化したのである。サン＝ティエンヌ（シャロワン、前掲書）、マルセイユ（ブロンベルジェ、一九九五年）、あるいはボルドー、マルセイユ、トゥールーズ（ボダン、一九九八年）、そのいずれの都市でも、大衆の多様化が見られる。なかでも三つの社会的カテゴリーが数を増やしている。生徒・学生、中間業者、それに上流のインテリや管理職たちである。この風景のなかにいる大衆は、アングロ・サクソンのサッカーの大衆とははっきりと違う。フランスでは、サッカーに対する熱狂は、社会のなかに拡がり一般化したように見える現象の一つなのである。この大衆の構成を都市の構成単位とくらべてみれば、いささか複雑な社会的現実が浮かび上がってくる。生徒・学生のカテゴリーは、上流のインテリや管理職と同様、非常に広い範囲で大衆を代表する存在になっている。反対に、退職者、非就労者、仲介業者と労働者たちは、大衆の代表者とはいえないのである。よくあることだが、スタジアムの大衆は、大筋において観察対象の都市や地方が抱える職業の多様性を反映する。したがって、仮に、彼らが座っているささやかな値段の座席が、彼ら自身それを選んだという事実を表わしているとしても、それはけっして階級の見世物ではない。質素で慎ましい人びとに質素で慎ましい趣味を強要する、経済的かつ社会的窮状が、無理やり彼らに選ばせてしまったとしても、である。

Ⅱ　観客とサポーター

チームを団結して応援しようとしても、スタンドはいくつかのグループに分かれている。観客がどこに座るかという問題は、単に経済的なものではない。それは、「テリトリーの座席の値段を越える」問題なのだ（ブロンベルジェ、前掲書）。空間を自分たちのテリトリーにする際には、どこがよく見えるかということとは別に、年齢や文化、情熱なども絡んでいる。控えめでゲームに対して敬意を抱いている人びとの一般席。審判席。地方政治の要人や企業家が顔を並べる貴賓席。これに対し、ヴィラージュ席には、騒々しく喧しくお祭り好きな大衆がいる。観客なのか、サポーターなのか、使われている言葉によって区別がある。観客は「なんとなく試合を見物するだけ」の人間であり、サポーターとは「自分こそがそのチームの本物の支持者」と考える人間たちだ（ミニョン、一九九三年、七三頁）。付け加えておくべき区別があるとすればこんなところか。観客は、二チーム間の試合を愉しむことができて、ファインプレイを励ましたり賞賛したりする。ただそれでも自分のクラブが勝つのが見たいと思っている。一方、サポーターは、独特のやり方で応援する、排他的なチームの支持者だと自己認識している。不公平で無条件に支持し、野次や怒号を浴びせて昂じる狂信的排外主義に染まっている。しかしそれに過剰に意味を付け加えるべきではない。それはおそらく「大騒ぎしながらアイデンティティーを肯定すること」であり、「感情の高まりの必要条件」である。[1] サポーター現象は、まず「役割への距離」（ゴッフマン、一九五六年）を否認することだ。「サッカーの試合に行くことは、一般的にいえば、映画館へ行くような予定された消費行動とは違う。劇場や絵画展のように瞑想に耽ったりもしない。テレビを見ているときのようなぼんやりした消費行動でもない。テニスやゴルフのようなフェアプレイを前提に観る競技でもない。おそらくこの四つのやり方でサッカーの試合を観ることは可能だが、サポーター行動とは呼べない」（エランベール『成績信仰』、五三頁）。サポーターは感情をうちに秘めない。大騒ぎや幸福感、騒々しく下品に振る舞ううちに共有してしまう不平不満、そんななかに感情が表現されている。しかし、スタジアムは感情を爆発させても許される最後の社会空間だとは簡単に言えないだろう。現代の、安全と予防を重視した社会では、おそらくスタンドは、「ロクでもない連中と付き合い」、卑猥な身振りや言葉を撒き散らし、生きる喜びと存在することの不安、明日の不安を生々しく感じる最後の場所なのである。ストリートやオフィスその他でスタジアムと同じ行動をとり同じ言葉を口にすることを検討して意味があるだろうか。答えはノンだ！　そしておそらくそこに大きな問題がある。つまり、いかなる形の暴力であれ、少なくとも過剰な暴力を、私たちは思考することができなくなっているのだ。

（1）ブロンベルジェ「ウルトラスにおける集団的情熱」（『サッカー、スペクタクルの影』所収）、『内的安全の手帳』、一九九六年、二六、三三～三四頁。

Ⅲ　サポーターであること――年齢の問題？

サポーター行動が暴走行為を誘発するとしよう。だがそれはまったく単純に言って年齢の問題ではないのか。サポーターは、少なくともいまのところ、組織されたグループに登録している個人を指すのではなく、祝祭的かつ極端な行動を理由に分類されている。ボルドーやマルセイユ、トゥールーズで行なった大衆調査（ボダン、一九九八年、一九九九年）では、ヴィラージュ席にいる連中の若さをあきらかにすることができた。サポーターの六四・一パーセントが二十五歳以下で（うち、十七歳以下は九・六パーセント、十七歳から二十四歳までが五四・五パーセントを占める）、一方、観客のうちこれほど若い人間は三九・九パーセントを占めるにすぎない。このスポーツが若者たちを惹きつける理由はいくつもある。サッカーのメディア化、スポーツ・ヒーローへの自己同一化、能力主義的価値観、チーム間の文化的人種的混交、社会的統合の本物のモデル。あるいはもっとシンプルに、この競技の経験（すでに引用した研究によれば、サポーターの五七・七パーセントが現在もプレイしているか、過去にプレイしたことがある）などである。だからサポーターであるということは、人生のある時期と関連している。青年期を終えたばかりの、大人の生活への移行期間である。個人としての自立と、社会的なアイデンティティーを確立する時期に、若者たちは友達や恋人とスタジアムにやってきて、両親の制限や制約を離れて初めて、人生の入口に立った自分を意識するのだ。よくあることだが、こうした感情は父親から受け継ぐものである。父親はまだほんの小さな息子をサッカー・スクールに登録したのち、スタジアムに連れてゆく。そこで情熱を磨きあげ、「男同士」で時間を共有するのである。青年期になれば、最も情熱的な若者は父親のもとを離れ、別の情熱を抱えて生きる。仲間とつるむのだ。これも人生の一つの段階である。ボルドーの「ウルトラス」に属するG・Rはこう語る。「最初、オレは父親と試合を観にきた。そしてヴィラージュ席を見たんだ。そこは若い連中が独占してた。パーティーが開かれてた。連中は歌い、騒ぎ、徒党を組んでいた。オレが仲間とスタジアムに行けるようになるとすぐに、親抜きのオレたちは連中と一緒になった。素敵なことだった」（一九九七年のインタビュー）。この段階は、たんに過渡的であり、青年の世界と成人の世界のあいだの通過儀礼のように現われる。私たちの西欧世界では、近代化によって弱まった部分でもある。サポーターたちの大部分が若者によって構成されているからといって驚いたりするだろうか？　もし情熱的行動のなかで年齢が果たす役割が優勢であるとしても、「若さ」は家族や社会から受ける拘束を一番感じない時代なのである。暇と仲間の時代なのだ。大衆のイメージどおり、サポーターとは、どうあるべきか、どうなりたいのかを悩む若者はいない。彼らは他のスポーツをする人びとのようにスタジアムにやってくる。つまり愉しみのためにやってくるのだ。この時期は若者の社会化や男性のアイデンティティー形成において特権的な期間である。(1)サッカーは実際に非常に性別化された領域である。（青少年育成スポーツ大臣が二〇〇〇年二月に公表した）二〇〇〇年に登録した選手のうち、女性が占めるパーセントは、二一五万四四二人の登録選手のうち、たった一・九パーセントにすぎない。だがスタンドにおける女性の比率は徐々に増えてきている。サポーターの一七・七パーセント、観客の一一・二パーセントは女性である（ボダン、一九九九年）。ただしSOFRES（フランス世論調査会社）が（二〇〇二年二月十九、二十日に）実施した最近のアンケート結果と現実は逆である。女性たちが一九九八年のワールドカップのような一過性の出来事に熱狂したとしても、彼女たちのサッカーへの関心は、通常のチャンピオンシップに男性が払う関心ほど明確なものではない。イングランドやフランスをはじめとして、どの国の連盟の責任者たちもサッカー場に女性客を増やそうとしている。女性客が増えれば、サッカーの試合を家族の愉しみにすることができる。女性客の増加は、「見世物としてのスポーツの、よりブルジョワ的起源」（ブロンベルジェ『サッカーの試合』、一九九五年、二一八頁）に、再び繋がることを意味する。だがそれだけではない。他意のない明確な方策でもあるのだ。女性の増えた群衆は暴力的な側面を減らすことができる。妻や女友達の前では、男性たちは行儀よくなり、いっそうの自制を見せるようになるからだ。

（1）J・ドフランス『スポーツの社会学』、パリ、ラ・デクーヴェルト社、一九九五年。

Ⅳ　サポーターとサポーター行動

あるチームのサポーターになることが必ずしもサポーター集団に登録することではないとしても、多くの若者は長く悩んだ挙句、集団に属する道を選択する。ミニョンが書いていることに反するが、サポーター行動はまずイギリスに姿を現わし、一九七〇年代から八〇年代にかけてヨーロッパ全土に広がっていったわけではない。活発で組織化されたサポーター行動の最初の痕跡は、一九二〇年代の終わりにフランスで確認されている。しかしこのサポーター行動は、こんにち私たちが知っているさまざまな形式とは大きく異なっている。ヴィラージュ席に集合してサポーター行動に走ることよりも、共通の情熱の対象であるサッカーを通じて、友愛に満ちた試合の機会を作ることのほうが重要視されていたのだ。サポーター集団のなかには当時の伝統的精神を保持しているものもあるように思う。たとえばマルセイユのCCS（サポーターの中心クラブ）や「トゥールーズの紫」だ。だがこの集団はメンバーの年齢において、他の集団とあきらかに違っている。七八パーセントが二十五歳以上、四八パーセントが四十歳以上である（ボダン、一九九八年）。このサポーターたちは、彼らの家柄、年齢、動機、行動において、バスケットやラグビーのような他のスポーツのサポーターに似ている。そこにあるのは、おそらくサポーター行動の特殊な形なのだ。熱狂を共有することで友好的関係や自律共同性[1]を打ち立てることを目指している。

（1）集団内部、地域社会内での諸個人の自律的で創造的な相互理解、交流を指す。イリイチの言葉〔訳注〕。

グループのなかには（法人ではなく、法的規定も持っていないにもかかわらず）「事実上の会社」として機能しているところもある。だが大部分は一九〇一年の法律型の連合として運営されている。

フランスのサッカースタジアムでは、二種類のサポーター行動が観察できる。「イングランド・モデルとイタリア・モデル（ウルトラ）」（ブルッサール、前掲書）だ。前者は、クラブのバッジを身につけ、クラブを象徴する歌を叫び、歌い、リズムをとる。そうすることでチームを勇気づける。後者は、前者に比してずっと組織化され構造化されている。スタンドを舞台と見なして自己表現する。ティフォス（熱狂的ファン）を取りまとめてスタンドをスペクタクル化するのである。（たとえばクラブのユニフォームの形をした）大きなシートや、横断幕、クラブやグループや街のバッジや紋章を複写した紙、歌を書いた紙切れ。それらを使った特色あるスペクタクルが展開される。若いサポーターたちは、ティフォスと一緒にいることで、自分たちの応援が目に見える形になって、クラブに同一化できていることを実感するのである。

パリやリヨン、カーン、リールといったいくつかのクラブでイングランド・モデルを見かけることができるのだが、フランスでは「ウルトラ」モデルを目にする機会が多い。一九八〇年代初頭、ヨーロッパ・カップの試合のためにイタリア人サポーターがフランスにやってきた。彼らの模倣からこのスタイルが組織された。グループが創設された日付は、奇妙な名前のなかに刻まれているが、名前は自分たちの経歴の長さと優越感を他の人間に誇示するためについている。「CU84」は、一九八四年に創設されたマルセイユの「コマンド・ウルトラ」を、「UB85」は、一九八五年に創設された「ウルトラス・ボルドー」を表わしている。名前のなかにはメンバーがサッカーに何を求めているかを如実に表わしているものもある。パリの「カジュアル・ファーム」、リヨンの「バッド・ゴーンズ」、「新秩序」や「アーミー・コルプス」（この二つはそれぞれPSGのサポーターグループ）、「ベルギーのスキンヘッズ」（これはランスのサポーター）などである。ごく一部の特殊な連中が問題なのだが、これらのグループは、DCPS（公安中央司令部）が「サッカー一部リーグと二部リーグ：フランスのクラブとサポーター」というタイトルで毎年出しているレポートに、「暴力的サポーター、あるいはもともと暴力的だった連中」として記載されている。だが、名前はファンジン（ファンが作ったSFやアニメの同人誌）やマンガのヒーローから借用したものが多いし、他のグループを怖がらせたり震えあがらせたりするためのメタファーにすぎない。せいぜい、他のグループとの違いを際立たせるのに役立つ程度なのである。

ヴィラージュ席のバカ騒ぎや無秩序状態を、まったく別の現実に置き換えてみよう。サポーターのグループは現実的な共同体であり（トニー、一八八七年）、そこで社会的連帯が作られる。人はサポーター行動に参加し、公式であれ非公式であれ、グループに加わる。それは友達と一緒になって趣味や感情を分かち合うためであり、友人を見つけるためである。このとき、新しい出会いや友情がいっぱい詰まった場所や機会が重要になる。したがって、ポストモダンの視点を借りるなら、サポーター行動は、社会的連帯を作りだし、社会の要求や脱構造化に対応していることになる。この言葉を用いるには細心の注意が必要だが、これこそ「部族の時代」であり（ブロンベルジェ、一九九八年）、共同体的連帯が徐々に契約的連帯に置き換わろうとしているのだ。若者は、少なくとも部分的にはスタンドで社会について学び、互いに連携し、文化や規則や習慣を身につける。サポーターのクラブはしばしば「家族」に似ている。

しかしこの共同体は厳しく階級化され組織化されている。サポーターには地位があり、自分の役割を果たす。[1]どこか他の組織と接点を持つサポーターもいる（会長、会計係、施設責任者）。性格穏やかで、サポートやスペクタクルに関係する「ウルトラス」に固有のサポーターもいる（歌や「ティフォス」の指揮責任者、グループに指示を与えるメガフォン役、他のグループのサポーターやファン雑誌を乗っ取って挑発する役割の「女王」

など)。ほかに、暴力行為の裏に隠れたサポーターもいる(他人を挑発し、直接対決を演出するよう任されている「喧嘩リーダー」、抗争を映像に収める者たち)。

(1) R・ラントン『人間について』、パリ、エディシオン・ド・ミニュイ、一九三六年。

サポーターグループの構成については、さまざまな研究で詳述されている。ただそれらを読むと、時代や場所を問わず、構造上のある単位があきらかになる(ドイツのサポーター行動については一九八七年のジンマーマン、オックスフォード・ユナイテッドのサポーターについては一九九一年のエランベール、ベルギーのサポーターグループについてであれば、一九九五年のデュプイ、マルセイユやナポリやトリノのサポーターについては一九九五年のブロンベルジェ、マルセイユのサウス・ウィナーズについては一九九八年のルーメスタンなど)。デュプイは三つの単位に区別している。「五人から一〇人程度の首謀者たち」——彼らは責任者であり、グループのリーダーである。しばしばグループの創設者でもある。次に「中心メンバー」——彼らは一〇〇人から二〇〇人程度の人数で〔……〕ホームで行なわれるほとんどすべての試合に姿を見せ、危険のつきまとうアウェイへの移動にも全試合、最低限の人員を派遣する。言葉でも行動でも積極的であるゆえ、彼らが小競り合いの責任者になることも多い」。最後に、かなりの人数のサポーターグループ——彼らは『追随者』、『盲従者』あるいは『端役』などと呼ばれる見習いたちである。たくさんの見習いたちは、中核メンバーとは大きく異なっている。十三歳か十四歳のほんの子供もかなり混じっていて、彼らは強い感動が味わえなくなっている四十歳代の大人たちと同じように、物を壊したいと思っている」(『ベルギーにおけるフーリガン現象』、一三五〜一三七頁)。サポータークラブの中核メンバーたちは、その昔、サポーター行動の経験を持つ人間たちである。彼らは最も熱心かつ老練であり、一般的に言って、ホームであろうとアウェイであろうとすべての試合に姿を見せる。このサポーターの構造は、フランスで観察できる構造と同じである。「追随者」たちは、度を過ぎて熱くならぬ程度にグループの行動に参加している。よくあることだが、彼らは友情や野心のためにグループに名を連ねる。グループの構造や、メンバーのなかでも目立った存在でありたいという意志や、座席を劇場化することには、論理的な目的がある。それは、スタンドで領土(テリトリー)を確保するということだ。テリトリーは単に自分を見せる場というわけではない。力と数を誇る場であると同時に、他の連中よりも高いレベルのスペクタクルを見せることができる能力の証明の場でもあるのだ。一言でいえば、テリトリーを確保することで社会的認知を高め、グループそれぞれが持つ同一化の構造を支える。それゆえ、あとに述べるように、テリトリーは抗争と争奪の対象となる。

虚飾をなくして、フーリガン現象が「サポーター行動の極端な暴走行為」であることを誰もが認めるとしても、それでもエリアスとダニングが提案しているように、紙の上の規約から実際の経験まで通過してみなければならない。フランスの例を通して、フーリガンとは誰か、彼らはどのようにしてこの暴力に手を染めたのかを観察してみようと思う。

第五章　フランスにおけるフーリガン現象

火事や流血事件とまでいかなくても、こんにちのフランス・サッカーでは、リーグ・アンの試合のたびにトラブルが起こる。ただよくある暴力は、儀式化した、言葉だけの無邪気な演出にすぎない。たしかに警官隊が、野球のバットや棍棒、電線や他の武器を持っているサポーターたちに職務質問することはある。だがそれにしても彼らが実際に行動を起こすことは稀だ。ただし、若いサポーターの武器所有や使用は、二重の意味で象徴的である。当初の目的が武器を使うことではなく、恐怖を与えることだったとしても、ひとつには、武器所有すること自体が、魅力的であり、価値があるということである。さらに武器を持つことで、もっと深刻で制御できない暴力へ変化することである。

I　間違った社会構造？

1　フランスのフーリガン――普通の若者たち

ある研究から始めよう。この研究には、当事者との対話や観察などを通じた質を重視した研究と、質問票を使った量を重視した研究の両面がある。期間は一九九五年から二〇〇〇年まで（ボダン、一九九八年、一九九九年a／b、二〇〇一年）、サポータークラブの中心メンバー五三〇人と、観客九二三人を対象としている。場所はボルドー、マルセイユ、パリ、トゥールーズ。「内部から明かすフーリガン現象」というのが調査内容である。

自分が抗争にはまっていると自覚している者のうち、七〇・五パーセントは、中心メンバーである。この割合は、総合情報局（フランス内務省所属）のデータ（ルイビ、前掲書）や「犯罪事務局」のレポート（一九九八年）を裏づけている。それらの報告によれば、中心メンバーは、フーリガン事件に関わるほかのサポーターより、検挙される頻度が高い。もちろんだからといってすべてのサポーターがフーリガンだとか、暴力事件を起こすとは言えない。結論づけることもできない。ましてサポーター行動を暴力や暴走行為といった単純な事実だけに還元することもできない。それはごく単純に言って、一部分にすぎないし、少数派だろう。ただし、暴力が彼らの行動のひとつの要素であることも事実ではある。

「暴力事件の当事者」のうち、サポーターは二九・五パーセントを占めるにすぎない。だが「暴力事件」を起こす者は、サポーターとよく似た特徴を持つ。彼らのうちの九五・一六パーセントが男性であり、六四・四パーセントが二十五歳以下である。ほとんどがきわめて定期的に試合観戦にやってくる（七六・六パーセントは毎試合観戦している）。七九・九パーセントは友人と一緒、スタンドの同じ席に陣取る。サポーター集団のすぐ近くのスタンドにいる。このデータは中心メンバーたちのデータに酷似している（九一・二パーセントが男性、六七・六パーセントが二十五歳以下、八六・二パーセントが毎試合観戦している）。以上の記述は、フランスで日常的な非行やアングロ・サクソンのフーリガン現象を説明するために持ち出されるさまざまな要因に、正確にあてはまる。言い換えれば、暴力は若者のものであり、男性のものであり、集団的なのだ。

「あなたは暴力的抗争に参加したことがありますか？」という質問に「はい」と答えている者のう

ち、半分以上が二十五歳以下である。この結果をどう解釈すべきだろうか。さまざまな犯罪研究や法務省が毎年公開する犯罪者検挙率に従えば、フーリガン現象に関しては若者たち（青少年および成人したばかりの大人）ばかりが目立つ。繰り返しになるが、サッカーは最も若い年齢層の大衆を魅了してやまないスポーツである。彼らはサポーター集団に活気や親しみを覚えてグループに入る。サポーターのなかにはフーリガン行動をとる者もいる。このタイプの暴力は、他のどんなスポーツよりサッカーにおいて顕著である。この年齢にしかないエネルギーの暴発もある。暴力事件のうち五六・八パーセントは、十七歳から二十四歳までの若者が起こしている。四十歳を越えた人間が起こす事件は、全体の五・七パーセントにすぎない。サポーター行動に参加している十七歳以下の者は、模倣を通して徐々に闘争行為に加わっていく。それは、年長者に認められ、受け入れられ、組織に組み込まれたいと思うからである。グループのなかにある固有の価値を守りたいと思うのだ。こうして彼らは中心メンバーが独占しているより重要な地位や役割を獲得することができる。しかし右に挙げた若者たちの暴力行動は、規範との関わりによって説明することが可能だ。年長者にくらべて規範意識の希薄だった若者が、年齢を重ねて徐々に大人の地位や役割を手に入れるという説明である（ガラン、一九九七年）。彼らは暴力の現場に直面しても武器さえ使われなければ、大人より寛容である。暴力を糾弾することはほとんどないし、あっても数少ない（ロシェ、二〇〇一年）。こうした分析は、あるサポーターの日常生活のなかの話にその妥当性を確認できる。「二十歳のころ、俺は信じられないことをやってのけた。サポーターのバスに「投石」しちまったのさ。野球のバットを持ってストラスブールへ行き、街のいたるところで敵のサポーターを探し回った……。ああそうだ、いま引退しようとして俺は自分のことを喋ってるってわけだ。本当に。……俺がどうやっていっさい合財をやり遂げられたかってこと。本当ならやるべきじゃなかったのに！　でもいいさ、俺たちは信じていたんだ。俺たちはグループの価値を守っている、とね。だが歳を重ねてくると、すべてがあんまり重要に思えなくなってくる。そのうえ、俺と一緒にいた連中の大部分が結婚して家を建てる。同じことの繰り返し。もっと若い連中は、笑い興じてバカなことをしていた。一番うまくやってたのは連中だったな」（「ウルトラマリーンズ・ボルドー85」のリーダーSの発言、一九九七年のインタビューから）。非行のケースと同じで、何回検挙されたかとかどれくらい積極的に加担していたのかという面から考えても、フーリガン行動の大部分は、男性による。もう一度繰り返せば、暴力は集団的であり、集団は本質的に男性によって構成されている。

しかし社会的要因が問題を明確にするわけではない。「職業と社会階層」を参照すればわかるが、フーリガン全員が社会的に恵まれない存在というのは言い過ぎである。実際、男女を合算した全体の三九・二一パーセントは生徒や学生である。八三・七パーセントがなにがしかの職に就いている。

「暴力的学生・生徒」のうち、三七・八パーセントの父親は上級管理職だ。この数字は国の平均値を上回る（平均三五・七パーセント、国家教育庁二〇〇〇年のデータ）。二一・三パーセントが中間業者で、少なくとも片親が失業中なのは彼らのうち三パーセントにすぎない。六七・五パーセントは大学入学資格試験に合格しているか、学士号を手にしている。なるほど彼らに暴力行動をとらせる社会構造上の欠陥があるのかもしれない。だが「学生・生徒」というカテゴリーはその欠陥を何一つあきらかにしない。

「暴力的失業者」の人数は、通常スタンドに入る人数の倍に相当する。たしかに彼らは不安定な身分だが、廃嫡者はほとんどいない。大部分（七一・一七パーセント）は、十七歳から二十五歳。卒業証書を持ってはいるものの、仕事探しの最中である。彼らの両親も社会からドロップアウトしているわけではない。右の調査結果にやや含みを持たせると、調査期間が一九九五年から九八年にかけてであり、失業状態がいまよりずっと厳しかったことを指摘する必要があるだろう。若者の失業率や生涯最初の仕事を見つける困難は、経済発展や雇用状態のよい時代よりも、危機の時代のほうが当然、深刻なのである。

「就職している乱暴者」というカテゴリーはもちろん均一ではない。だが指摘しておくべきことはある。彼らのうち一二人は商人や企業の責任者である。四一人が「管理職や知的職業」に従事している。

三〇人が中間業者である。つまり共通点は、恵まれぬ社会階層に属していることではなく、社会的にはバラバラの個人が暴力に訴えるという一点である。たしかに職に就き社会に組み込まれても、仕事で全力を発揮できないかもしれない。社会移動[1]の可能性は減る。仕事の見通しは不確かかもしれない。社会移動に反対する意識が世代間や個人間に横たわるかもしれない。こうしたことが原因となって動揺したり失望感を味わったりする者もいるかもしれない。このような形で、私たちはこの研究の限界に突き当たる。なぜならこの研究では、個人がいまの職以前にやっていた仕事をあきらかにすることができないからである。逆にあきらかなことは、彼らの大部分に共通して二つの特徴があることだ。彼らの八八・二パーセントが男性であることと、七四・九パーセントが二十七歳未満であること。この結果は通常の非行の観察結果と類似している。したがって、社会からのドロップアウトだけでは、非行や暴走行為を説明することができないことになる。ドロップアウトはさまざまな危険のなかの一つにすぎない。「家族のわずかな収入、荒廃した住居と環境、大家族……こうした社会的弱点が併存するとき、初めて貧困と非行のあいだに意味のある統計的関連性が生まれる[2]」のだ。こうして私たちの出す結論は、アングロ・サクソン的研究とは異なる。思い起こしておこう。アングロ・サクソン的研究は警察の統計に依存していたが、いま私たちが依拠しているのは「内部から明かすフーリガン現象」

のアンケートである。

（1）社会学用語で、個人、家族、集団が社会階梯上の地位を変化させるにあたってもつ可能性〔訳注〕。
（2）R・フィリール『非行の社会学』、パリ、PUF，二〇〇一年、六六頁。

2　二次的要因――サポーターや暴力的観客の役割と動機

無条件に徒党を組んでチームを応援すれば、フェアプレイ精神をなくし、勝利だけを強く求めることになる。そして試合結果に重大で決定的な役割を果たそうとする。もちろん足繁くスタジアムに通うことは、サポーター行動の属性である。同時にそれはサポーターの「参加」の寓意的表現である。とすれば、試合中に観客やサポーターが感じている役割や動機は、「参加」の象徴的表現である。これはなぜ暴力を振るうのかという問いに、少なくとも部分的に説明を与えている。彼らは動揺し落胆し自分たちのイメージが傷つけられたと思うとき、暴力行動に出るからだ。

抗争への参加という点で、彼らの役割や動機には意味がある。実際暴力は、勝利に重要な役割を果たしたい、自分のチームが勝つのを見たいという意志の産物なのだ。反対に、暴力行為に参加したことのない者は、試合結果にまったく重要性を認めていない。彼らはスペクタクル（見世物）に立会い、素晴らしいプレイを眺めるべくスタジアムにやってくる。チームの勝利になんらかの形で貢献する役割を演じているとは考えていない。

以上述べた価値観は、党派的でアンフェアなサポーター集団の価値観である。だがこうした価値観は疑問の余地なく本質的にスポーツと大衆層を形成する社会階層に結びついている。話はそれるが、スペクタクルや美しいプレイを求める根拠は、「教育的」目標のために構想され作られたスポーツのものである。たとえばバスケットボールやバレーボールである。だがこれを、よく言われる言い方を借りれば「貴族がプレイする不良少年のスポーツ」たるラグビーに結びつけるにはどうすべきだろうか。一方、かつて行なわれていた大衆分析のせいでいささか留保は必要なのだが、サッカーは労働者階級やその文化に深く結びついている。たしかにサッカーはこんにちもはや支配階級を撥ねつけるだけの理由を持っていないかもしれない。だがそれでも他のどのスポーツよりも、社会の統合や民主主義的理想を反映しているのだ。社会的功績や成功、「誰でもいい人間が誰かになりうる」という事実を、サッカーは刺激する。こうした理由からサッカーを「役割への距離」を含む単純なスペクタクルと見なすことはできないのである。サッカーは勝利をもたらさなければならない。言い換えれば、ある階層、都市、地域、さらには国家の顕揚と社会的成功をもたらさねばならないのである。ただし、役割と動機は、年齢と社会階層次第で変わる。サポーターの情熱は「若者」と「年配者」のあいだで大きく異なる。年齢を重ね、社会的にも職業の点でも認知されている人びとは、サッカーの試合を必要としない。チームの勝利を求めてもいない。だからそんな人びとにとって「役割への距離」を守ることはおそらく簡単なことだろう。しかし、若さは「精神的・社会的潜伏」期であり、サポーター行動のおおいなる冒険に参加したいという意志の固まる自立の時期である。ダイナミックな集団行動をとる。自分を表現したいというシンプルな欲望を抱く。そんな枠組のなかで、若者たちはときに遊び半分で、過剰かつ情熱的な行為に熱中するのである。だからといってこうした行動のすべてが「危険な階級」を作りだすわけではない。私たちは、共同体の情熱的論理のなかに、フーリガン現象の深い理由を探しにいかなければならないのである。

3　スポーツのスペクタクルの影響

サポーターが暴力をふるうことがあったとしても、それをスペクタクル（プレイや試合結果、パフォーマンス）に結びつけて考える者はほとんどいない。ピッチ上のプレイヤーが真剣に闘っていないと思えば、サポーターは失望する。審判が酷い判断をして贔屓する場合、そのジャッジに対してタッチライン際のベンチから人が出て異議を申し立てるが、そのときはさすがに緊張感が漂う。しかしいくら試合結果に興奮したからといって、それが実際の行動に説明を与えるケースは稀である。審判や敵のチームに対する抗議は、罪のないスケープゴートに的を絞った暴力である。それは名目だけの場違いな暴力にすぎない。ただそうすることで大衆は自分に降りかかってくる暴力から身を守ることができる。九四～九五年シーズンから九六～九七年シーズンまでの三シーズンの試合を観ていて思ったことは、警察が検挙した事件とスポーツで賭けられているものとのあいだには何の論理も関係もないということだった。暴力はチャンピオンシップを勝ちあがるにつれて増えるわけではない。リターンマッチのあいだは、組織的な盛り上がりを感じることもない。スポーツで賭けられているもの（現状維持、下部リーグ落ち、ヨーロッパ・カップへの出場資格）は、たしかにサポーターを強く突き動かす。だが必ずしも暴力行為を引き起こすわけではないのだ。下部リーグ降格を賭けたチーム同士の戦いでは、事件数はさほどでもない。逆にそれ以外のチームとの対戦のほうが事件の数は増える。とくに二つのチームのうちどちらかが降格を賭けていてホームで敗れた場合と、ダービーマッチの場合に事件数は急増する。降格を賭けて闘うチームより、ヨーロッパ・カップへの出場資格を賭けているチームのほうが、事件の数も頻度も増大する。しかしこうしたモデルケースの場合でも、いくつか別の要素が介在する。それは、出場可能性や何世代も続くライヴァル関係、クラブ間の歴史性といった要素である。要するに、なぜこんなことが起こるのかといえば、昔から一番上のディヴィジョンで、ひとつでも上の順位を、と争いながらチームを保有しているのは、相変わらず同じ顔ぶれのクラブだからである。

II　グループ間の抗争——情熱の暴走から共同体の論理へ

毎年かなりの数の事件が報告されているが、その大部分はこれまで述べてきたような試合の論理によって説明がつくわけではない。是非はともかく、サポーターたちが起こす不正行為にもあきらかな説明はない。

1　情熱の暴走

とすればサポーター行動そのもののなかに潜む別の理由がある。他のどんなスポーツよりも、サッカーでは情熱が掻き立てられる。その本質的理由はつねに年齢である。青年期を迎えた大衆は、チームやクラブに強い執着心を抱き、スタンドで限りない情熱を味わっている。しかしこの情熱は精神分析でいう「退行」ではない。自分が挫折したスポーツが職業として目の前にあることにフラストレーションを感じているわけでもない。実際外人傭兵としか考えていないプレイヤーに対して気持ちの面で一緒になれると口にする者などほとんどいない。だがこれもよくあることだが、スポーツのライヴァル関係は、グループ間のライヴァル関係によく似ている。スポーツの次元で最も大きなクラブは、かなりの数のサポーターとグループを抱えている。九八〜九九年シーズン当時、パリには一四のグループがあり、会員の総計は八〇〇〇人にのぼった。マルセイユでは、九つのグループが一万八〇〇〇人のサポーターを抱えていた。一番大きなクラブには多くの事件と、スタンドでの禁止事項がつきものである。もしサポーター行動がサポーター同士の模倣によってできあがるのだとすれば、対抗戦の「敵対」論理がその行動を補強していると言える。プレイの水準や試合結果によって、サポーターたちはクラブに対する情熱を燃やす。積極的参加を明言し使命感に燃えるのだ。シートやバッジに街やその地方の紋章を描きだし、スローガンを大きく張りだす。そうすることで愛着心や帰属心、クラブの成功を表現する。「マルセイユ人としての誇り」、「いつでもボルドー人」といった言葉だ。たしかに彼らの愛着は度を越している。地方に、街に、クラブに、チームに同一化している。そしてその同一化は、スポーツの力を借りた紛れもない参加であり、メディアに取り上げられ結果次第では評価も上がるという規則に自分も参加することを意味する。サポーターの希望と情熱を抱えているのだから、クラブは勝たなければならない。チームの勝利はサポーターの成功をも意味するからだ。「ウルトラス」のサポーター行動への参加が、青年期の終わりの特殊な時期に当たることを思い起こしておこう。この時期は、家族との対立や離反の時期である。同時に社会に同化する重要なステップである。大人としての個人のアイデンティティーを社会に向けて作っていく段階でもある。ただアイデンティティーは「定義自体が二重」である。自分のためのアイデンティティーと他人のためのアイデンティティーがある。ヨーロッパ・カップに勝利したことのある最高ランクのクラブや、フランスのチャンピオン・クラブのサポーターになることは、自分にとって、そして他人にとってもポジティヴなアイデンティティーをもつことを意味している。ここではもうごく普通の情熱など問題ではない。情熱は尋常ではない水準に達している。それは冒険であり、自由な時間や勉強を侵食するというだけでなく、仕事さえ侵してしまうのだ。そこにはあふれんばかりの貪欲な情熱がある。サポーターになることはそのまま生活のスタイルであり、特殊な共同体への帰属を意味する。バスケットボールに見られるような他のグループとの共存など、「ウルトラス」ではまったく配慮されない。「敵対する異文化への反応」が「ウルトラス」を形成し、絶えず他のグループと比較し、自分を目立った特殊な存在にしようとする。こうした相互影響は、グループ同士が似たものになればなるほど不可欠だ。「グループ内」をつねに高く評価し、「グループ外」を貶《おとし》めたり公然と批判したりすることでグループの団結や同一性は強くなる。歌のなかで敵のサポーターを女性として扱ったり、敵チームを激しくなじったりする行為は、社会化していく一過程にすぎない。だがその過程のなかでグループは集合と対立を繰り返して組織化されるのである。したがって対抗戦には二重の意味がある。試合そのものはフィールドで行なわれているが、同時にスタンドでも戦いは行われている。サポーターはいちばん格好いい存在でありたいと思っている。最もすばらしい「熱狂的ファン」でありたい、いちばん激しく歌を歌ってチームを応援し勇気づけたいと考えている。大人数で場所を移動して、陣地を拡大し、フィールド上の勝利に貢献したいと思っているのだ。サポーターを切り離してしまえば、共存や他者への敬意はたしかに困難になる。逆に対立を煽ることになるかもしれない。これらの措置は、場所を移動するサポーターの数が少ないことを考えると、役に立たないこともしばしばである。だがしかし、暴力に関する哲学的議論を真似して、共存の観念を廃棄すれば、サポーターたちは対話を拒否することになる。対話こそ暴力を否定するものであるにもかかわらずだ。いずれにしろ、対話をやめることで、アイデンティティーができあがる。アイデンティティーは「対立することによって生じる」からだ。共同体はいろいろあるが、アイデンティティー自体は似通っている。だからこそ共同体は対立し、相互の区別が必要になってくる。このような形のアイデンティティーの認知は、ときどき暴力を伴うこともある。したがって、以上述べてきたサポーター行動は、語の現象学的な意味で、情熱的である。同時にデュフール＝ゴンペールの定義に従えば情痴犯罪的な意味で、情熱的でもある。「〔愛の〕情熱が、裏切りや嫉妬、告白、遺棄、怒り、突発的で制御不能な反応、衝動的行動といったさまざまな要素から成り立っているように」（『暴力と犯罪の事典』、九六頁）、サポーターのクラブ同士は闘争的行動をとる。抗争し、反目する。スタンドのなかの陣地争いで覇権を握ろうとして、暴力に訴えることもある。だから、フーリガン現象とは、サポーター行動につきものの情熱の暴走として捉えられなければならない。ただこう言ったからといって、情熱と暴走のあいだの線引きをもう一回やろうというのではない。そうではなく、ごく単純に、理性と狂気がせめぎ合うなかで、グループやクラブへの情熱的関係を通していくつか搾取があり、その搾取のダイナミズムを歴史的、社会的に研究することが必要なのだ。

2　グループの発展――伝播から競合へ

サポーター集団は、サッカーのプロ化によって継続的に発展することになった。サン＝テティエンヌに起こった歴史的な事件は、フランスのリーグ・アンの他チームと大衆の熱狂にとって、触媒として役に立つことだろう。チームの信条や成功を表現するために選定されているクラブの色は、なぜ大衆があれほど熱狂し熱中するかをわかりやすく説明してくれる。「緑の鍋」[1]はその具体的な例である。産業界の大立者が徐々にサッカーに投資しはじめるのも、同じ時期である。都会であれ地方であれ、指導者層にとってサッカーは政治・経済的なショーウィンドーとなった。窓口収入を増やし、サッカーに興味を持ちはじめた投資家やメディアにとって信頼に足る存在となるために、クラブはより多くの大衆を惹きつけようとした。

（1）パトリック・ミニョンの『サッカーの情念』にこんな記述がある。「サポーター活動の新しい波は、ASサン＝テティエンヌのジョフロワ・ギシャール・スタジアムの試合中ずっと熱狂している雰囲気のゆえにその名がついた『レ・ヴェール（緑）』と『煮え立つ緑の大鍋』とともに現われたといえる。スタッドゥ・ドゥ・ランスのあの偉大な大冒険以来初めて、一九七六年にはヨーロッパ・チャンピオンズカップで優勝を争うフランスのチームが出現したのである」（堀田一陽訳、社会評論社）、二三三〜二三四頁〔訳注〕。

国際的なチャンピオンシップの最も高い水準の試合にフランスのクラブが参加すれば、質の高いスペクタクルを国内に運んでくるという意味で、サッカーの発展におおいに寄与する。またより若い大衆層を吸い上げることにもつながる。彼らは年齢のせいもあってか、社会的成功を飾った、街や地方を代表するクラブの英雄たちに、誰よりも同一化している。一九八〇年代から九〇年代にかけて、スポーツの世界で輝かしい光を放ったクラブに、マルセイユの「ウルトラス」（一九八四年創設）とボルドーの「ウルトラス」（一九八五年創設）がある。彼らがフランス全土を移動することによって、フランスのなかに「ウルトラス」の運動が突如として姿を現わした。そして伝播し、競合した。活気と怒りが充満したスタンドの祝祭的映像を流すことでメディアは「ウルトラス」の現象を増幅することになった。各グループは他の場所で起こっていることを再現しようとする。ボルドーやマルセイユのサポーターと同じように、自分たちもチームを応援し勇気づけるところを見せたい。もっと数を増やして、スポーツのライヴァル心を煽り、社会的視野を広げて、素晴らしい質のスペクタクルを演じたい。だがライヴァル心を燃やし、すべての時間とエネルギーを自分のチームに注ぎ込むことが、果たして正当なことなのだろうか。サポーターのグループ間では、徐々に非公式の序列ができる。グループ間の競合とライヴァル関係が、応援の質を比較しているうちに芽生える。

3　スペクタクルとテリトリーがグループを競合させる

サポーター行動のなかではすべてが喧嘩の口実で、人は皆衝突状態にあるとしよう。つまり、最高のプレイヤーの揃った最高のチームを応援したい。スポーツに関して優越感に浸りたい。いちばん暴力的で人数の多い、最高で不屈のグループであるという「公的」身分を手にしたい。皆がそう願っているなかで、サポーターがスタンドで最も広い眺望を手に入れるためには、その場所をスペクタクルに仕立てあげなければならない。自分たちのスペクタクルを組織するためには空間が必要となる。だから彼らはヴィラージュ席に投資し、そこを独占することになる。誰にでも開かれているけれど、ヴィラージュ席は境界の画定した領土(テリトリー)になるのだ。したがってそこを占拠する連中は、いろんな出来事をスペクタクル化する動きに強制的に参加しなければならない。そこではグループの名前やそれを象徴する記号が入った巨大な布が目印代わりに使われていて、テリトリーの境界をはっきり示している。「スペクタクル」は相当数の人間を集めて組織できる能力と同義語となる。そこに集まった人間たちは、紙を何枚か使って巨大なフレスコ画を描きだす。クラブの色調をあしらったユニフォーム型の巨大な布でヴィラージュ席を覆いつくす。だから、スペクタクルは多くの点で、人びとの賭金になっているのだ。自分たちの優越を見せつけるために、他のグループの「ショー」の演出を妨害する。材料を盗んだり、より大きな声で歌を歌ったりする。巨大布が盗まれれば、名誉に対する重大な挑発であり毀損を意味するので、スペクタクルは即、闘争に変わる。一方、領土化は、他の軋轢の源である。

スタンドといってもすべての席で同じ視界を保証するわけではない。覇権をめぐってヴィラージュ席で衝突が起こることもある。一九九八年のボルドーでの事件、すなわち北側ヴィラージュ席で起こった、反目するマルセイユの二人のリーダーの乱闘を簡単な例として挙げることができるだろう。これはアイデンティティーに関わる悶着だったが、実はこの乱闘からさらに数週間前に遡ったところに原因があった。ヴェロドローム・スタジアムの南側ヴィラージュ席での出来事である。「ウルトラス」が「ウィナーズ」を追い払おうとしたのだ。当時「ウィナーズ」の主要メンバーはベルギーにいて、スタンダード・リエージュの「ヘル・サイド」の仲間たちに「力強い手」を貸していた。「ウルトラス」の連中は自分たちの席より高い位置にあって全体がよく見渡せる「ウィナーズ」のテリトリーを包囲しようとした。結局失敗に終わったのだが、その後、スタジアムとその経営者たちは何週間にもわたって監視の眼を光らせ、報復行為を未然に防いでいた。最終的にそれがボルドーで噴出した形になったのだ。このように、膨大な数の衝突は、テリトリー争いの論理と、ときには数シーズンも遡る先例に原因を求めることができる。

4 フーリガン行動は一種の遊びである

ここで言っている「遊び」には二つの意味がある。一つは若いサポーターが使う、一種の嘲りとしての言葉である。大騒ぎをしながらも彼らはその言葉を用いて一体感や共犯意識、一種のディオニュソス（陶酔）的鬱憤晴らしを感じる。もう一つの意味は、「人間が権力関係を作る際に用いている具体的メカニズム」[1]だ。これはもはや単なる気晴らしとしての意味ではなくて、他者に対し可能なかぎり大きな影響を及ぼそうとする関係の問題であるといえる。

（1）M・クロツィエ／E・フリドベルグ『演技者とシステム』、パリ、スイユ社、一九七七年。

暴力事件は、その大部分が、ほんのちょっとした瑣末でつまらぬ事実がきっかけになっている。とくに市民社会では「無礼な振る舞い」と言っておけば済む（ロシェ、一九九六年）程度の事柄が、暴力的衝突の序曲になっているのだ。私たちはこれを犯罪学の言葉を借りて「スパイラル効果」と呼んでいる（スコガン、前掲書）。遊び半分に、自分たちの優越をみせつけてやろうとして、サポーターは敵の連中を挑発する。アウェイの連中にしてみれば、スタジアムに到着するや大騒ぎになり野次を雨霰と浴びせられる。アウェイの連中の評価を下げて恐怖心を植えつけるためだ。敵のサポーターがやってくること自体が一種の挑発であり、彼らが「俺たちの家」にいるということ、「俺たちの領土」を侵しているということをはっきり知らしめる必要がある。映画『ＩＤ』（Ｐ・デイヴィス監督『アイデンティティー・ドキュメント』、一九九八年）では、サポーターのバスを追跡して、彼らの動きに光を当てる。サポーターのグループは街中をくまなく探し回って、スタジアムに向かおうとする連中を見つけだす。そこには本物の都市ゲリラがいる。連中の目標は、敵を正確に値踏みして、力と数を把握し、怖気づかせ、威圧して、とっとと逃げ去るよう仕向けることである。フランスのすべての街では、スタジアムから遠く離れた場所でさえ、サポーターは待ち伏せされる。見張られる。緊張状態が一気に爆発にまで高まることもある。恐怖心を与えることが目的だったのに、暴力によって相手を威圧することに格上げされる。パリのサポーターのお気に入りの遊びは、環状道路から入ってくる敵のバスを「投石破壊する」ことである。逆にボルドーでは、攻撃を受け身ぐるみ剝がされバッジを奪われた者もいた。移動することは、いつも危険に身を曝すことであり、軋轢の原因である。ただだからこそ移動は自分の権力や能力を誇示し、相手のホームに行くことを少しも怖がっていないと知らしめる方法でもある。それでもなお、数の問題がある。マルセイユならば一五〇〇人から二五〇〇人程度のサポーターをパリに行かせることができるが、他のグループに可能な人数はせいぜい一〇〇人から五〇〇人にすぎない。だから移動する人間たち（アウェイの人間）はいつも数的に劣勢であり、そのことが危険を増大させる。したがって移動は名誉の問題である。敵のスタジアムを自分たちのグループの名前で「覆い尽くす」ことができなければ、あるいはそこまでではなくても名前を掲げることができなければ、それは不名誉以外の何ものでもない。このようにグループ間の対立は、グループがどのように構成されているか、アイデンティティーをどのように肯定するかによって起こる。共同体はそれぞれ自分たちを知って欲しい、認知してほしいと考える。「ウルトラス」サポーターの公式順位で、ひとつでも上の順位を目指して闘いを続け、自分たちのいまの順位に疑念を抱いている。「フランスの『ウルトラス』のトップ五〇など、具体的には存在しない。(中略)一種のヒエラルキーならあるが、それも絶えず見直されている。一般に広く認知されているのは、マルセイユのサポーターが一番だということである。(中略)同様に、一部に昇格したばかりのリーグ・ドゥのグループは自分たちを高くみせようとして、暴力さえ辞さずの態度でいる。だが、いわば『もうひとつ別の』チャンピオン・シップで公認の地位を獲得しようとしているグループがあるなら、彼らにとって何が理想的なことであるかは、少しでもマルセイユのヴェロドローム・スタジアムに足を運んでみればわかるはず」(ブルッサール、『サポーター世代：サッカーのウルトラスに関するアンケート』、一九八〜一九九頁)。移動には危険がつきものだが、アウェイに出かけていくことは重要だ。「熱烈な応援」の質の高さと信奉者の多さで有名なクラブの場合にはなおさらである。グループ相互の差異を求めようとするなかで、グループの力は三つの能力によって測ることができる。大挙して移動できる能力とアウェイでもスペクタクルを創りだせる能力（歌、旗など）と、そして文化的社会的一体性を通して自分たちの存在の意義を認めさせる能力である。こうした行動は「受け入れる」側のグループにしてみれば、同じ数だけの挑発だ。名誉や覇権という文脈でいえば、侮辱はそそいでおかなければならない。試合後、リーダーたちは「急いで声をかける」（敵のサポーターを追いつめて、身ぐるみ剝いでバッジを奪い、殴りつける……）。各グループには「博物館」があって、警察や敵のサポーターとの物凄い数の局地戦に勝利して奪ってきた戦利品が飾ってある（ＣＲＳのヘルメット、バッジ、「爆弾」、マフラー、シートなど）。次の試合で戦利品をスタンドで見せびらかす。それは挑発行為であるとともに、敵をやっつけたという証《あかし》にもなっている。まるで、自分たちが屈服させた人間たちの紋章を誇らしげに掲げたかつての貴族たちのように。「スパイラル効果」は徐々に姿を現わす。リターンマッチの際にサポーターは数を増やして移動するのだが、それは侮辱に仕返しし自分たちの力を示すためである。大切なシートや紋章を奪われてしまった者は、力ずくで武器を用いてまで取り戻しにやってくる。終わりのないスパイラルが始まる。挑発があり、その仕返しがあり、血の復讐がある。スパイラル効果は情熱的なサポーター行動を激化させる。情熱の変化を助長する。それがフーリガン行動である。ここで問題なのは、血の報復である。時代とまったく無関係に仕返しが行なわれ、犯した過ちとまったく釣り合いがとれていない。家族（グループ）のメンバー一人ひとりが報復の対象になっているからだ。さらに言えば、誰もこの紛争の原因を知らない。誰が始めたのかさえ知らない。ただその「誰」はつねに自分とは別の側に属している。つまり敵なのだ。この討伐と懲罰を兼ねた遠征を組織することには、重大な概念の変化がある。いろんな理由を持った自発的暴力（言葉の応酬や相互挑発、殴打など）から、あらかじめ計画された組織的暴力への変化である。この二つの暴力はともにフーリガン行動の範囲である。というのも、前者が発展して後者になったからである。他人の注目を集めるような派手に武装した暴力は、私たちがふだん無視している圧倒的な数の軽い衝突の結果でしかないし、そこから浮かびあがってきた一部分にすぎない。

Ⅲ　フーリガン現象、サブ・カルチャーと政治

1　グループの暴力と文化

しかし暴力にはほかの役割もある。暴力に訴えることで、他人とのあいだに距離を作る、言い換えれば差異化が起こる。結果、グループの結束を強くすることができる。一方で暴力はグループの構成要素にもなっている。暴力を用いてグループとして結束し闘うのか、暴力を放棄してグループを解体し消え去るのかの選択を余儀なくされる。それゆえ、暴力は、お祭り騒ぎのようにしてチームをサポートするのと同じで、各グループの文化的要素となる。多くの点でグループは「家族」であり、特権的な社会化の場である。なかには青年期から脱出するための隠れ家として利用している者もいる。「サウス・ウィナーズ」（フランスで最も暴力的なグループの一つ）のリーダーの一人は、彼のグループが若者たちのファッションなどに決まりを押しつけ、暴力へ誘導していることを認めている。若者たちはそこで仕事をこな

し、連帯と尊敬と相互扶助と忠誠を学ぶのである。不平等と排斥に対して闘うという意味で、グループは社会的に重要な役割を果たす。だからスタンドの現象は、サポーター行動の結果でしかない。もっとローカルな場所では友情が結ばれ出会いと共生が生まれている。ローカルで地域主義的なアイデンティティーは、街やクラブやグループの写真を通じて価値を与えられる。ただこのアイデンティティーは、たとえばオック地方のように、独特の文化に帰属していれば当然得られるものでもある。こうした共同体にははっきりとした目印がいくつかある。だが、グループ内の価値の継承や、グループの特殊性、歴史、偉業、行動、リーダーたちの伝記には、暴力が組み込まれている。敵対関係が、まるでじわじわと浸透するように入り込んでいるのだ。ライヴァル関係をリーダーたちが維持し、スポーツ上のシンプルなライヴァル関係は、まず敵対関係になり、徐々にグループ間のライヴァル関係に変質する。ただ、この関係があるからこそ、各グループが作られ維持され一体感を強めることができる。そしてそれは最終的にグループ設立に関する一種の神話になる。たしかに暴力行為は語られていくうちに歪曲されるし、よくあることだがとても主観的だ。攻撃する者たちの数や評判がどうであれ、グループはいつでも勝利を得たいと思っている。だからこそ継続的に敵を攻撃し挑発するのである。個人の場合と同じように、グループのアイデンティティーも、必然的に肯定的で高い評価を得ている。だが全体的にみれば、客観性を欠いていて、「エゴ中心主義」(グループは行動の中心に位置づけられる)[1]と「利益主義」(成功が失敗以上に強調される)に毒されている。だから、若いサポーターのなかには、偏った歴史観のせいではなく、相手の素性さえ知らずに敵サポーターへの敵意と憎悪を募らせる者がいる。また、ほとんどすべてのグループのなかで、覇権を争う暴力的なサブ・カルチャーが発展する。それは「非行のサブ・カルチャー」[2]に似ている。まったく功利的ではない(目的など何もない)。悪意に満ちている(挑発し相手を傷つけるために行なわれる)。ネガティヴ(既成の規則にはいつも反対の立場を採る)で、直接的な快楽を目的とする(グループ内の非公式のヒエラルキーを駆けあがる、など)。そして最終的に、グループの自律性と一体感を強める働きをする(グループ内に退却し、メンバーの帰属意識を強める)。したがって、フーリガン行動は、サポーター行動のかなりの部分を占める。むろんこう言ったからといって暴力的事実だけにサポーター行動を還元するわけではない。ただ、暴力的事実は、右に挙げた共同体の社会的役割や将来に織り込まれているのである。

(1) A・G・グリーンヴァルド「全体主義のエゴ、あるいは自分の歴史をいかに創り、いかに修正するか?」(『自我、社会的認識の場での探求』所収、ローザンヌ、ドラショー&ニネスレ社、一九九二年。
(2) A・K・コーエン『不良少年たち、ギャングの文化』、ニューヨーク、ザ・フリー・プレス、一九五五年。

2　スタンドのなかの政治

「暴力のサブ・カルチャー」は、自分がどの政党に属しているかを主張することでさらに強化される。ブロンベルジェによれば、そんな主張は現実的なものではなく見せかけにすぎないが、文化的アイデンティティーを見分ける口実ではある。その主張によって、グループの葛藤が露《あら》わになる。グループに属する何人かの人間は人目をひくために政治的な主張をしている。ただ、結果的にそれが単なる散文的表現以上のものになるとすれば、現実のいくつかの政党の出現を象徴しているからである。そのとき、グループはショーウィンドーとして役立つ。同時に、政治団体は、スタンドの若者たちのなかに工作員を潜入させ、彼らをリクルートしてまとめあげる。「フロン・ナショナル」の定期刊行物である『ショック・デュ・モワ』は、左派の警察権力とは逆の立場を採っている「コップ・ド・ブーローニュ」を絶賛している（ミニョン、一九九五年）。ケルトや鉤十字章は、一九八〇年から九五年のあいだフランスの「ブーローニュ」スタンドで花咲いた。「アナーキー」のAや「チェ」（ゲバラ）の肖像も、ヴェロドローム・スタンドの南側ヴィラージュ席で人気を集めた（「サウス・ウィナーズ」）。ローマ同様、フランスでも敵の黒人プレイヤーは罵倒される。このような政治的態度表明やデモンストレーションに対して、意味や意義を過剰に求めるべきではないのかもしれない。ただ、いずれにしろ考えのなかに入れておくことは必要であろう。なぜならいま述べたような態度表明や表現は、もともと対立するクラブのサポーター・グループ間の抗争（たとえばマルセイユとパリ）に端を発しているからだ。あるいは同じクラブの異なったグループ間の抗争（「サウス・ウィナーズ」と「コマンド・ウルトラ・マルセイエ」）を意味することもある。ひとつのクラブに対して敵意を燃やすグループ同士が連携してネットワークを作ることもある（シャトールーとパリとストラスブールのサポーターが連携して、マルセイユ・サポーターに対抗する）。こうして政治は、サッカーに単なるスポーツ以上の理由を負わせ、暴力に力を与える。「左派」の主張など、これ以上にまやかしである。「ウルトラス」創設時に重視されていた精神、独立性の探求、ひとめ見ればわかるような軍国主義、家族の締めつけに反発する自律心、年齢のせいで起こる親との対立、個人のアイデンティティーの確立……それらはみな、この若いサポーターたちを無政府主義のイデオロギーに近づける。ルーメスタンによれば、「ウィナーズ」の持つ政治的側面のなかでいちばん重要なものは、彼らの共同体の諸価値を日常生活のなかに転用したことに現われている。連帯すること、大きな利益を拒否することと、そしてメンバーを経済的に（あるいは他の方法でも）援助すること。彼らはそうした面を重視する。だからアングロ・サクソンのモデルを下敷きにして構造化されたサポーターと、「ウルトラス」はまったく逆である。一方、ＰＳＧはアングロ・サクソン・モデルを特徴としているクラブの一つである。

このモデルがフランスに初めて姿を見せるのは、一九八七年、パルク・デ・プランスにおいてである。一人の「スキン・ヘッド」が衝撃を与えた。彼、S・A（匿名、イニシャルで呼ばれている）は、「第三の道」という政治団体と結びつきの強い「革命的国家主義青年」のメンバーだった。のちにこの小団体は「コップ・ド・ブーローニュ」を組織し影響を与えていくことになる。S・Aは一九八九年十二月九日、「ピットブル・コップ」を創設、この団体は際限ない暴力沙汰を起こし、外国人嫌いやナチ贔屓を織りこんだ言葉やスローガンを得意とした。一方で、「ブーローニュ」スタンドと「赤い」スタンドは、一九九三年一月十六日（土曜日）のPSG対ストラスブール戦以降（全体としてはフーリガンなのだが）「政治的かつ哲学的な意味で均一かつ一貫した場所となる。サッカーのサポーターと共通点などまったく持たない、有り余る動機だけを持った直接行動主義者たちが群れる、閉じた場所になってしまう。横断幕もなければ活気もない。「サディスト」とか「新しい秩序」などと書かれた旗だけが置いてある。スタンドは黒や灰色に染まっている。ある政党の警備係がこの活動に積極的に参加している」（ルイビ『スポーツ行事の際の、スタンドにおける安全性と暴力に関する学会報告』、四頁）。カップ戦を勝ち抜いたチーム同士で争われるスーパーカップを制した翌日、PSGはサポーターに優勝トロフィーを見せる機会があった。だがそこは人種差別と外国人嫌いの暴力が振るわれる現場となってしまう。「ブーローニュ」スタンドのサポーターたちがピッチに乱入し、「どちらかといえば褐色の」オートゥイユ・スタンドのサポーターを攻撃してしまったのだ（一九九六年五月十日、『レキップ』紙）。ヴィエヴィオルカの類型論に従うならば、ここで起こった政治的・人種差別的暴力は、社会的な支配と隔離のぶつかり合いを意味している。それはある社会階層の困窮化の表現などではない。実際、「「コップ・ド・ブーローニュ」の設立メンバーたち、とくに「スキン・ヘッズ」は、もともと上流階級に属している（弁護士の家族やアッパークラス）」（ミニョン『スタンドの暴力：サポーター、ウルトラ、フーリガン』、一九九五年、三一頁）。もし他のクラブにネオ・ナチか極右の主張をする「スキン・ヘッズ」がいたとしても、その数がひどく少ないので、彼らは他のグループとの衝突を避けている。アリオ・マリー法の第一条が規定するように、大多数のグループが「多民族的[1]」に構成されていることで、国家主義的かつ人種差別的イデオロギーがより深刻な形で伝播するのを防いできたのだ。イデオロギーはスタンドのなかにいる連中の服装を見れば一目瞭然である。ドクター・マーチンの靴でも白い靴紐（「スキン・ヘッズ」）、赤い紐靴（「レッド・スキンズ」）ではグループが異なり、マリンブルーか黒の靴紐は（極右グループの）「ボンバーズ」を表わしている。また、靴を折り返し目にも鮮やかなオレンジの裏を見せているのが（極左グループに近い存在の）「ボンバーズ」である。袖口の鷲や「A」の縫製は、一つひとつ特別な目印であり、帰属意識の表明なのである。

前に定義しておいたように、これこそが「無限スパイラル」である。自分はその共同体に属し、共同体を強化しているのだ、という挑発も兼ねている。虚妄であろうと現実であろうと、こうした政治的主張は、文化的対立を激化させる。いい加減にしか構成されていなくても、敵対関係を助長するのである。

（1）P・プーティニャ／T・ストライフ＝フェナール『民族件の理論』、パリ、PUF、一九九五年。

3　「ウルトラス」のグループ——サポーター行動から暴走するサブ・カルチャーへ

サポーター行動は、それが無条件のものであれ党派的なものであれ、チームの応援という地点を行過ぎてしまえば、その瞬間から一つの問題を提起する。サポーター行動は、祝祭的でディオニュソス的なサブ・カルチャーなのか、それとも暴走するサブ・カルチャーを生みだす母胎なのか？　ベッカーによれば、暴走行為は、個人であれグループであれ、既存の規範に対する単純な違反としてだけ考えるべきではない。むしろ、行動を異常だと決めつける社会が下す「判断」（ラベル理論）のほうが問題で、サポーターたちが曝されている偏見や、彼らに下される価値判断、適用されている法律が原因となって、彼らは常時このタイプの決めつけに曝されている。生き方そのものがアウトサイダー的で異常だと思われているのだ。だが問題はそれがどんな決めつけなのかという点ではなく、彼らの人生（キャリア）に関わっている。実際、サポーターのなかでも、たまたまフーリガン行動に夢中になっている連中と、すでにフーリガン行動が生活の仕方でありスタイルでもあるような連中を区別することはできるのだろうか？　だからこそ暴走行為へ参加するプロセスを考える必要があるのだ。ベッカーの分析は、完全にサポーター行動に合致している。ベッカーによれば、暴走行為は、集団行動の枠のなかで起こる。サポーターは相互作用や直接経験を通じて、暴走行為に走るグループに加わる。この枠のなかでは、「普通の」個人でさえ、少しずつ快楽を感じるようになる。退屈などほとんど感じることなく、暴走行為をやり遂げる方法を身につけるだろう。彼はそこでいろんな役割やポジションを手に入れる方法を学ぶ。長い目でみれば、こうしたプロセスは、ひとつの人生（キャリア）に似ているかもしれない。

ではサポーターの側の事情はどうか。何度か観察していると、グループの機能がわかる。まずすぐにわかるのは「ウルトラス」の極端な構成である（第四章、Ⅳ　サポーターとサポーター行動、参照）。その構成の特徴の一つは、最古参の人間に対する新人たちの尊敬の念である。もう一つ、リーダーたちがグループ全体のなかで発揮するカリスマ性[1]を特徴として挙げることもできる。次にわかるのは、中心メンバーたちだけが持つサインだ。袖口に縫いつけられた特別な徽章は、彼がほかのメンバーと違うことを意味している。「ウィナーズ」のなかでは、中心メンバーだけが「ボンバーズ」を持っている。さらに、秘密の重さを挙げることができる。中心メンバーにはどうすればなることができるのか、という私たちの問いに誰も答えない。ほのめかしたり曖昧に逃げるようなやり方で答えるだけなのだ。彼らは自分たちの力を見せなければならず、同時にグループの諸価値も守らなければならない。この問題について新米のメンバーに質問していると、私たちは何度も古参連中から質問を中断させられる。彼らは会話に干渉することによって、返事を捻じ曲げ、インタビューを受けている連中に沈黙を強いるのである。次に観察される点は、グループへの同化の問題である。新入りたちはどうやってグループに溶け込んでいるのだろうか。これに対しても曖昧で逃げ腰の答えがあるだけだ。そうやって自分の力を見せているのだ！「ウィナーズ」ではグループへの登録者を区別している。(分担金を払って)メンバーになる者と、信頼するに足る構成員として受け入れられる者とのあいだには明確な区分がある。これは何も「ウィナーズ」に限った話ではないのだが、加入儀礼と同化儀礼の区別を想起する人もいるかもしれない。加入儀礼は共同体への入口を意味し、同化儀礼はグループへの適応と受容を意味する。最後に、非合法ギリギリのところでのリーダーたちの行動を挙げておこう。リーダーたちは、会う人間を厳選し、潜在的な敵ではないかとつねに懸念しながら対話の相手を警戒している。[2] ここにあるのは紛れもない「秘密社会[3]」特有の機能である。秘密の重みはいたるところに存在する。語られている事実、あるいは語られていない事実や観察可能な行動を解釈して、異なるグループのメンバーの言葉を繋ぎ合わせることでしか、私たちは暴走するサブ・カルチャーのなかでの暴力の重要性を解釈することはできない。まず、秘密は同化の基本要素である。秘密のおかげで他のメンバーたちの信頼を勝ちうることができる。グループを保護することもできる。グループに同化するために、新しいメンバーたちは積極的に共同体の運動に参加しなければならない。すべての行動が常軌を逸しているわけではないけれど、だがいつもそこにいなければならない。熱狂的応援に加わり、彼らの配置に一役買って、できるだけ頻繁に事務所に足を運び、共同体に身を捧げなければならないのだ。また、リーダーたちの性格を細かく観察していくと、そこに常軌を逸した事実があることもわかってくる。リーダーたちは誰もかれもカリスマ性を持っているのだ。誠実さや勇気を振り絞ってグループに積極的に参加することで、他のメンバーからいまのポストに選ばれたのだ。「ウルトラス」のような大きなグループのリーダーたちは皆、もう一つ共通した特性を持っている。それはアリオ・マリー法の適用範囲内で、彼らが有罪判決を受けたことがあるという点だ。ボルドーのL・Sはバスを「投石破壊した」咎《とが》、マルセイユのR・ZやCは器物損壊、マルイセユのL・Tは、暴力をふるって、ヴェロドローム・スタジアムに煙を出している小型トラックを持ち込んだという罪状などである。たしかに彼らは頻繁に有罪宣告を受けている。なぜなら、彼らは責任を負っているからである。だからこそ彼らは有名なカリスマなのだ。しかし暴力や暴走行為は、リーダーシップに到達するための方法なのだろうか。それとも、法律やグループ間の抗争があるせいで起こる単なる帰結なのか。「ウルトラス」の「博物館」を飾る戦利品はどこから来たのか。グループに入るための儀式には数限りない試練がある。さまざまな衝突、討伐部隊への参加。それだけではない。遠征に出ている敵のサポーター事務所を襲撃し、徽章や旗を盗むことも含まれる。そのとき、証拠を持ち去るほうがいいのである（衝突の写真やビデオが「証拠」に相当するが、「ウルトラ・マリーンズ」のケースでは、それを新入りメンバーに見せてコメントすることになっている）。こうしてサポーターたちは武装して遠征する。サンドイッチのなかに発炎筒を隠し、旗のポールのなかに伸縮性のある棒きれを隠す。棍棒や野球のバットをどうすれば隠せるか、取り上げられないで済むか、思案しながら街を闊歩している。暴走行為は、偶発的である。突発的で予見できない事実や、個人ならばまともにぶつかる以外選択の余地がない事実から生まれるからだ。バスが敵のサポーターに襲撃される場合も事情は同じである。ただし、暴走行為がそのまま生き方になる場合もある。暴走した者たちがそれを快適な経験と感じる場合や、できるだけ一度きりに限定したはずの「遊び」に悦びを見出すような場合である。さらにもっとシンプルにいえば、暴走行為が他の目的を持つ場合だ。すなわちグループ内のヒエラルキーを駆けあがると同時に、サポーター内のグループの公的順位をあげる場合である。したがって、サポーターのサブ・カルチャーはしばしば二重化している。不安定なものでもある。まず共同体的であり、他方で暴走的である。この相反する二つの極のあいだで均衡が取れている。多くの要因がこのバランスを支えている。グループの価値とイデオロギー、当事者たちの合理的判断、「行動的なマイノリティー」の影響、サポーター行動の特殊なコンテクストなどが、その要因と言えよう。

（1）マックス・ウェーバー『学者と政治』、パリ、UGE、「10・18」、一九九六年。
（2）一九九七年一月十九日。私たちはマルセイユの旧港近くにある「ピレアス」というバーでZ……と会った。九時だった。彼は特別荒っぽいことで知られるグループの責任者だった。店の経営者は私たちにこう言った。「奴はいないよ、そのうちに来ることになってる」。電話が鳴った。ビルのオーナーが電話に出て、一風変わった仕方で返答していた。「いやいや大丈夫、問題ない。うまくいってる」。それから彼は私たちのほうへやってきて、「奴が来た」と言った。Z……が入ってきて、私たちは一時間以上の時間を費やして、サポーター行動について、マルセイユについて、OMのグループについて議論した。それから唐突に彼が私たちを事務所に誘った。こたえはもちろんイエスだ。事務所は「パニエ」地区にあった。彼は用心に用心を重ねているのだ、と語った。なぜならパリのサポーターが彼の首に賞金を賭けているからだった。この証言は、ほかならぬパリのサポーター本人によって確認されることになる。
（3）G・ジンメル『秘密と秘密社会』、パリ、シルセ社、一九九一年、E・マルタン＝サン＝レオン『同業者組合、その歴史と習慣と規定と儀礼』、同業者印刷、一九七七年。

4　当事者の理性から行動的マイノリティーの影響へ

いくらそのビジョンが決定的で全体を俯瞰するようなものであろうと、いろんな解釈をひとつのヴィジョンに押し込んでしまえば、当事者の役割を必要以上に削減することになる。そんなヴィジョンのなかでは、どんなに暴力的なサポーターでも彼が属する集団と役割にがんじがらめになっている。かりにフーリガン行動が、集団的で熱狂的な行動（発炎筒を焚き、大騒ぎをし、挑発行為を続け、グループ間で衝突することなどを含めて）に含まれているとしても、全身で暴力にのめりこんでいるサポーターを、ほんのちょっとのあいだだけでも理性的人間と見なすことはできると思う。つまり、自由に行動し、自分のやり方に近い形で行動を選択することができる人間だと見なすということだ。フーリガン行動を理解するためには、分析や言説を心理学として用いたり取り入れたりすることではなく、サポーター自身の視点から暴力行動の目的、方法、誘因に関心を寄せることが必要である。この場合、問題は二つある。一つは、他の人びとはまったくそんな行動をとっていないのに、どうしてある人間たちだけがフーリガン行動に参加してしまうのかということである。単純にいえば、彼らはあえてそうした行動をとっているわけではない。つかまってしまったときの仕返しや報復といった「ひどい仕打ち」が怖くて、暴力行動をとる。他の理由で参加している連中もいる。だがいったいどんな目的なのか、いかなる狙いがあってのことなのか。社会的制約がないということですべてが説明しきれるわけではない。非行の最終的な目的に関するキュッソンの類型論に倣っていえば、フーリガンの行動も目的は大きく言って四つに分かれている。行動、専有、攻撃、支配の四つの目的である[1]。まず行動についていえば、サポーターは、暴力行動を、人を興奮させるものとして、快楽の源泉として、あるいは強い刺激の探求として経験している。必ずしも功利主義的ではない。また復讐のように他の目的があるわけではない。暴力行動はそれ自体が目的なのである。冒険であり、挑発であり、遊びであり、自分の思いを完全に遂げる行為であり、他の人間を出し抜きたいという願望なのである。二つ目の目的は、専有である。多くの場合、衝突は敵サポーターの戦利品が狙いだ。これが「博物館」を作るのに役立ち、個人的なコレクションにも貢献する。サポーターの部屋のなかには敵側から剝ぎ取ってきた帽子やマフラー、上着が飾ってある。他人の徽章を奪い取り、自分の洋服につける。あたかもそれは戦利品のようであり、戦争の際、自分の飛行機に勝利を描きつづけた飛行士に似ている。しかしそれは暴力行動を延長しているだけであり、強い興奮を引き伸ばして追体験する方法でしかない。人の視線を釘付けにして、暴力行動にのめり込んでいる人間たちに一つのパースペクティヴを与えるカーニバル的な儀式にすぎないのだ。三つ目の目的は攻撃である。我が身を守るという意味で防御的であることもあれば、復讐の論理とぴたりと一致していることもある。

そして最後、四つ目のタイプの目的は、支配である。これは最も重要な究極の目標である。この狙いは、最終的に権力であり、他人に対して力を振るう快楽である。名声を獲得して他のメンバーから賞賛を浴びる悦びである。むろん、暴力行動や暴走行為に加担することは、サポーターグループに溶け込むための義務ではない。だが、サポーターが出世を考えるならば、その瞬間から参加は不可欠となる。マルセイユのR・Zは最もよく知られた「ウルトラス」のリーダーの一人だが、彼がよい例である。彼をグループのリーダーにしているのは、何より彼の暴力であり勇気である。その暴力を誰もが認める、議論の余地なき頭（ヘッド）である。彼は自分のグループのメンバーのみならず敵の連中からも賞賛され、怖れられ、尊敬されている。かりに暴力がこうしたサポーター連中の本質ではないとしても、やはり暴力はいつも目の前に存在し、サポーター行動のかなりの部分を占めている。もし一人のメンバーが中心メンバーに接近し、最古参のメンバーから受け入れられ、役割と特権と地位と敬意を獲得したいと望むのであれば、暴力は不可欠な要素である。それを使えば全体をまとめることができるのだ。暴力は、その人間の勇気と決断を証明し、どんなふうに何を信じて参加しているかをあきらかにする。サポーター連中は、自分たちが信じている原理や義務がどれほど暴走行為を支えているか知れば知るほど、自分たちが分別を持った当事者であることがわかるのだ。目的を追求し、目的達成のための戦略を立て、方法を身につけるのだから。この意味でいえば、フーリガン行動は、事前の熟慮のうえに計画された行動と言える。自己防衛の機制にも恐怖にも対応していない。だからといって、フーリガン行動は、サッカーの外的要素によって起こる「犯罪」でもない。たしかに場所を選ばないし、有害でもあるが、重要なのは「具体的にどのように成し遂げるか」である。だからこそフーリガン現象は、社会として組織された世界に存在している。フーリガン行動からはグループ間の抗争が生まれるが、同時に個人のアイデンティティーを創る一助にもなっている。若いサポーターは二重のアイデンティティーを獲得するのだ。マイナスイメージに覆われ、ときに怪物的であるとしても、そこには自分で自分を価値ある人間だと信じられる側面と、他人が有能だと認めてくれる側面の二つがある。日常（グループのなかで、あるいは日常生活において）と、暴走行為や暴力のあいだを、彼らは永遠に行ったり来たりする。同じ個人でも、あるときは型どおりの仕方で行動するかもしれないし、あるときは暴走することもある（ベッカー、前掲書）。「ジキル博士」と「ハイド氏」のように、「暴力的な」「ウルトラス」のリーダーは二重の人格を持つ。彼らのなかにはワイン醸造技術者もいれば、建築の勉強をしている者もいる。かなりハイレベルの（修士号か博士号レベルの）法律を学ぶ学生もいる。ファミリー企業を経営している者もいる。だから問題は、彼らがどうやってこんな社会的二面性を生きているのか、ということだ。暴力がサポーター行動のなかであまりに多くの部分を占めているからこそ、きちんとした形で法律や規則が制定されるべきだと、彼らは認識している。だがその場合、彼らはどうやって暴力と折り合いをつけるのだろうか？　この問題にはかなり以前から一つの解答が与えられてきた。「中立化の技術」[2]である。非行や暴走行為の習得期間は、「暴走するサブ・カルチャー」に加わっていればいいというわけではないし、入念に計算された暴走行為をやり遂げればいいというわけでもない。そうではなく、一人の人間が自分自身に関してポジティヴな考えを持ち、法律や規則の有効性を信じつづけて、そのうえで日常生活のなかにある規則や規範を破ってもなお他人に対して立派な（まずまずの）イメージを与えることができれば、それが「中立化の技術」の習得を意味するのである。「暴力的」で「暴走する」サポーターは、次々に（あるいは同時に）、以下の五つの「中立化の技術」を用いている。

――責任の否定（「連中なんか探してなかったけど、向こうが先に俺たちを攻撃してきたんだ。そのとき俺たちはバーのテラスで静かに立っていただけだ」）

――損害の否定（「それは本当じゃないな。俺たちは連中を怖がらせようとしていただけなんだ」）

――犠牲者の否定（「俺たちは誰にも害を及ぼしていない。連中が逃げちまったからそう言ってるんだ」）

――告発者の告発（「連中のほうが俺たちより暴力的だし、先に俺たちを攻撃してきたのが連中で、始めたのも連中のほうだ」)

——より強い忠誠心へのアピール(「他の連中が、うちのグループの二、三人のメンバーを攻撃してきたことがあって、それを黙って見過ごすことができなかったんだ」)

(1) M・キュッソン『非行、どうして?』、ケベック図書館、一九八九年。
(2) G・M・サイクス/D・マザ「中立化の技術——非行の理論」、『アメリカ社会学雑誌』、二二巻、一九五七年、六六四~六七〇頁。

この技術に習熟すれば、サポーター行動を正当化しつづけることができるようになる。モラルや教育が激しく糾弾するような行動をとっているにもかかわらず、サポーター行動の妥当性や正当性について長々と論じることができるようになるのだ。だが、こんな疑問も浮かぶ。危険や暴力、略奪だらけの行動のなかで、いったい誰が理性的に行動することができるのか? そこで、共同体の「中心グループ」はかなりの数の「理性的」なメンバーだけを集めて組織を再編する。彼らのフーリガン行動はよく考え抜かれているからだ。だからフーリガン行動が、大多数はこの「過剰行動する」中心グループによるものだということは、ごく普通のことのように思える。彼らは皆、社会的認知を求めている。自分たちの参加や行動、長所がもっと広く知られて、人びとに認知されることを期待している。だから中心メンバーのなかでさえ抗争がある。個人と個人のあいだの抗争が、暴力事件の数を増やす。暴力を「質的」に飛躍させることもある。各人がよく見られたい、他の人の目を引きつけたいと思い、もっと上手く行動しようと考えている。モスコビッチに言わせれば、「表面がどうあれ、彼ら（アウトサイダー的な少数派）が一番配慮しているのは、本当に目をひく存在になることで、彼ら少数派の存在を多数派に充分認めてもらうこと」(1)である。サポーターの場合に即せば、多数派には二つの意味がある。帰属するグループのなかの多数派と、他の「ウルトラス」の多数派である。この場合、少数派は共同体のなかの一つの極である。「オック語を話すウルトラス」のリーダーが語るところによれば（一九九八年にトゥールーズで行なわれたインタビュー）、一つのグループは三つの単位から構成されている。まず、「酒呑み」と呼ばれる存在で、愉しく盛り上がりにやってくる連中。次に「歌い手」で、本質的にチームを鼓舞する人びと。最後に「殴り屋」とか「壊し屋」などと呼ばれる連中で、必要とあれば喧嘩も辞さない。彼らのあいだに明確な区別があるわけではない。出来事や状況に応じて多少はどれかの領域に近づくこともある。ただこう語れば、フーリガン行動の研究とは別に、社会心理学の分野で長いあいだ研究されてきた「影響のメカニズム」をも引き合いに出すことになろう。暴力的で暴走行為を得意とする少数派は、多数派を略奪行為に引き込もうとして、敵の共同体のメンバーを挑発する。このままでは自分たちのグループ自体が危険であると信じ込ませ、攻撃しなければならない場面では連帯が必要なのだと、他のメンバーに「強要する」のである。サポーター・グループは社会的な意味で均質ではなく、厳密に閉じた共同体でもない。グループは、ときどき誰かの影響力のままに、全体の行動を突き動かす力や圧力を受けている。「ドジャース」(マルセイユのサポーター・グループ)のある責任者はこう語っている。「すべてのグループに暴力的な人間はいる。なかにはほかの誰より暴力的な奴もいる。暴力をふるいたくてやってくる奴もいる。ただ連中は誰よりも神経質だ。個人的な問題を抱えているから。他のグループより断然暴力的なグループはある。だがそれは一番暴力的な連中がそのグループのなかにいるからだ」。数を過信することも危険である。サポーターの中心メンバーが三〇〇人から五〇〇人で構成される、マルセイユのようなチームの場合であれば、彼らだけで暴力沙汰を起こし、他のクラブの「ウルトラス」全体と事を構えることもできるかもしれない。[2] ここで躓きの石になるのは、少数派が自分たちを多数派だと勘違いして行動することである。それだけではない。結果的に、多数派のさまざまな考えとことごとく対立するようになり、グループ全体の承認なしで行動するようになる。こうして暴力的で暴走するグループが生まれる。この意味で、サポーター行動とは、暴力を中心に求心力を持ったモデルだと言うことができる。

(1) S・モスコビッチ『行動的マイノリティーの心理学』、パリ、PUF、『カドリージュ』、一九九六年、二二四頁。
(2) グループの大部分は五〇から三〇〇人のメンバーしかいない。

Ⅳ　アノミー(1)の問題

フーリガン行動がほかのどんなスポーツよりもサッカーに深く関わっているのは、サポーターの行動や経営者とサポーターの関係が、暴力行為の展開に特別な枠組を提供しているからである。スポーツの経営者たちは、故意に、ときに意図せずにサポーターの情熱を刺激してきた。だがしばしば彼らはその情熱を知らなかった。見ようとしなかった。もっと単純にいえば、情熱を計算に入れることを望まなかったのである。

（1）社会解体期に見られる行為や欲求の無規律状態。デュルケームの用語〔訳注〕。

1　認識の拒否

新たな大衆に向けてスタンドを開放することで、クラブ経営者たちは自分たちの経済的欲求を満たしてきた。ただそれは同時に、狂信的なほどの愛国主義に染めあげられ、激化するサポーター行動を促進することにつながった。サポーターは一二番目の選手である。彼らはチームを鼓舞し、歌を歌うことでチームを支える。敵のプレイヤーと審判に恐怖心を植えつける。ジロンダン・ド・ボルドーのクラブ経営者であるベズは、「ウルトラス」グループを作ることに反対の立場をとってきた。ただ彼のような例を別にすれば、大部分の経営者たちは、ウルトラスを作り発展させることを支援してきたのである。ヴィラージュ席は騒々しいことこのうえなく、真っ赤に染まり、お祭り騒ぎ状態である。敵サイドを刺激し、観衆とメディアを煽動する。経済的な意味でも政治的な意味でも、まだまだ眠ったままだったサポーター予備軍に発破をかけてきたのである。利害が共通しているわりには、サッカーとクラブとは二つ別々の世界として存在していて、互いに無視している。しかしそうする以外にどんな態度がありえただろうか？　サポーターたちは若く、彼らの大部分はまだ社会に出ていない。あふれんばかりのエネルギーに満ちた彼らの行動は、他人に迷惑をかけ、恐怖心を抱かせる。服装やライフ・スタイル、話し方は、人を面食らわせ、まともな対話の相手を失ってしまう。一方には、いろんなことを決定できる財政的な権限を持つ者たちがいる。彼らは既成の秩序とブルジョワ階級を代表している。他方、大衆階層出身で、年齢も若い連中がいる。彼らは強く情熱を探し求め、金儲け主義の論理に抵抗して、無条件で盲目的なサポーターになるのだ。サポーターと経営者たちとのあいだには徐々に軋轢が生じる。経営者たちはサポーターを軽蔑する。サポーターが黙っているわけはなく、クラブを挑発し、年齢を理由に自分たちの除名と独立を要求する。ブルッサール（前掲書）によれば、多くの場合、二人の実力者がこの件に関わっている。資本の所有者と、「陰の実力者」である。バスケットボールと比較してみれば、サッカーにおける認識不足はあきらかだろう。バスケットボールでは、サポーター行動は公に認められており、きちんと制度化されている。数を別にすれば、理由はあきらかである。バスケットのサポーターたちはサッカーのそれより年齢を重ねており、同行者として、あるいは話せばわかる相手として認知されているのである。ともあれ、サッカーにおけるサポーターの否認は、メルトン（一九六五年）の言った社会的混乱の観念に似た、特別なアノミー（無規律）状態を作りだす。サポーターの暴走行為が、社会的な交流の決めごとや慣習と決定的に断裂してしまったことを意味する。同じ目的を追求しているにもかかわらず社会の他のメンバーから切り離されてしまうことで、葛藤を抱えた暴走行為に出てしまう者が現われる（ボダン／エアス、二〇〇一年）。お互いの権利と義務で作られる契約関係がなくなれば、若者たちの内向の問題や、彼らのあいだの社会化の問題が出てくる。暴力や規則に直面して寛容な態度をとる。それが次に多少とも暴走ぎみのグループへの参加に繋がる。そしてまったく取り締まり不能になり、極端な行動を助長してしまう。つまり、あらゆる社会的制約の外にあるサポーター・グループの発展と、そこから生まれるフーリガン行動は、サッカーの発展の副作用として考えるべきなのである。

2 曖昧な関係から共犯関係へ

しかし、（経営者とサポーターの）関係には、それが曖昧なせいで、アノミー（無規律）状態を強めてしまうものもある。「ウルトラス」のリーダーたちは、最も暴力的なサポーターの行為にも経営者たちは自分たちの利点を見つけ出していると公言する。サポーターをそっと罰しながらも、彼らを暴れさせることで敵の大衆を恐怖に陥れることができるし、プレッシャーを与えることができるというのだ。おかげで敵はあえて大挙して遠征しようなどと思わない。これは作り話だろうか？ それとも中傷？ このサポーターの言葉をルイビの次の指摘が裏づける。彼は、PSGの責任者たちが「彼らのケジメのなさや拝金主義が起こした大きな変化を目の前にして、呆然としたり、びくびく怯えているようにみえる」と記している（『スポーツ行事の際の、スタンドにおける安全性と暴力に関する学会報告』、四頁）。サポーターと経営者たちは互いに無関心であるとしても、サポーターは自分たちの移動を組織したり、新しい横断幕を買うために特恵税率や経済的支援を要求する。一方、経営者サイドも自分の身を守り、「侮辱や嘲りに対処するために」サポーターの要求に同意するのだ。

こうして経営者が大衆の起こす事件に加担したり揉み消したり処理したりすると、両者の曖昧な関係は共犯関係に進む。アリオ・マリー法が禁じていることだが、花火を積んだ車輌の（スタジアムへの）乗り入れについても、共犯関係が起こっている。L・Tが発炎筒を満載した小型トラックでマルセイユのヴェロドローム・スタジアムに乗りつけようとしたときのことだ。経営者たちはまったく事情を知らずに、L・Tが単に戻ってきただけだと思ったなどという言葉を信じることができようか？ パリ・サンジェルマンでいえば、一九九六年三月三十日の対メス戦。「スポーツの城壁内に発炎筒を持ち込んだ共犯」として、クラブのセキュリティー部門の代表者が責任を問われたことがある。証人として呼び出されたサポーターは、クラブが自分たちに暗黙の合意を与えていたと証言した。(1) 一九九八年、リーグ・アンのあるクラブのセキュリティー部門の代表が、ボルドーのパルク・レスキュール競技場で職務に服していた警察官に対して、暴力事件で訴追中だった二人のサポーターへの追及をやめるよう要求した。彼は「内部で事態を調整する」と約束した。また、あるクラブが「スタンド管理員」の責任者として、昔のフーリガンを雇い入れたことがあった。しかも新聞には、彼の仕事服姿と、ナチ風の敬礼をする「パンツァ(2)」の恰好をした写真が並べて掲載された。これについて何を言うべきであろうか？ たしかに、彼は昔の「馴染みたち」を多数知っているかもしれない。だが彼は本当に信頼するに足る人物なのだろうか？　他にも揉み消された事件がある。二〇〇一年、パルク・レスキュール競技場の貴賓席に坐っていた一人の観客が隣人をこっぴどく殴ってしまったことがあった。にもかかわらず、彼は訴追も受けず、罰せられもしなかった。彼はある大臣の息子だった。二つの社会的グループが共通の利害で一致するとき、規則は頻繁にそして咎められもせず捻じ曲げられるのである（ベッカー、前掲書）。ここには限度や限界がない。そして歯止めがないということは、禁止の可能性が問われているのだ。禁止事項は、それが実行されない以上、ありうるもの、実現可能なもののうちに留まるからだ。こうした状況下で、私たちが若者に向き合うとき、「罰を受けていないすべての行為は重大ではない」（ロッシュ、二〇〇一年）ということになれば、事態はなおいっそう懸念される。そのうえ、右に述べた大臣の息子の例は、「政治事件」と同じく、二重構造の正義が存在することを明るみに出した。二つの正義とは「上流フランス」の正義と「下流フランス」の正義である。

（1）このセキュリティー部門の代表は、法廷で無罪を言い渡されることになった。
（2）原義は「第二次世界大戦中のドイツ軍の装甲車、戦車」〔訳注〕。

結論に代えて

エリアスとダニング（前掲書）が言うように、社会が民衆の全員に対して取り締まることを保証できなくなれば、そのときいったい何が起こるかを自問することは必要だろう。規則を適用できない、あるいは差別的に運用してしまうようなことになれば、あらゆる予防的政策は危機に瀕することになる。自分だけは罰を受けないのだという感覚を育て、暴力行動の多様化と深刻化を推し進めることになる。それはまた「積極的差別」を生む。暴力行動はスタンドでは黙認されているのだから、どうして他の場所で認められないことがあろうか。DCSPの報告によれば「都市型暴力とスポーツの暴力のあいだには同一化が起こっており、その重要度は高まっている」のである。同じ人間を対象として選んだ場合に、彼のなかで、都市型暴力がときにスポーツの暴力に作用していると考えることは不可能でもなんでもない。不幸なことに、フーリガン現象をずいぶんと離れたところにあるものとして考えることはもはやできなくなっている。この現象は、アングロ・サクソンのものであり、ドイツやベルギーのものであるのと同じく、フランスのものでもある。青少年犯罪のケースと同様、フーリガン現象を階級間の闘争と混同することはやめるべきだろう。この暴力は、端的にいえば、「規範の破裂」（ヴィエヴィオルカ、一九九九年）、若いサポーターをまとめる人間の不在、社会的空白、でたらめ、共犯関係やいい加減さを明るみに出している。それらは人材難を、つまり経営者とサポーターとプレイヤーを統率する人間が少ないことを浮き彫りにしているのである。

訳者あとがき

本書は、Dominique Bodin, *Le hooliganisme*（Coll. « Que sais-je? » n°3658, P.U.F, Paris, 2003）の全訳である。「フーリガン」を多くの日本人は目撃したことがない。彼らは誰なのか、サポーターとは違うのか。二〇〇二年、日本と韓国のあいだで共催されたワールドカップにも、フーリガンは来なかった。日本は遠かった。徹底的なチェックもあった。だから、フーリガンはいつまでも映像や文書のなかにしかいない。

したがって、たとえば二〇〇四年のアジア選手権の決勝での中国サポーターの行動が、フーリガンと名づけられたり、国内の試合でも、特定のJリーグのチームのサポーターが騒げば、すわフーリガンの出現か、と新聞紙面を賑わせたりもするのである。

さいわい、いまはネットが細部まで行き渡っているため、多様な情報が瞬時に飛び交う。Jリーグの試合で、観客が騒いで制裁金が課されるような場合でも、現場の情報がさかんにやりとりされ、多くの場合、些細な行き違いから「騒動」が起こっていることは、多面的な視点から理解できる。意外にみんな冷静なのだ。

ただ、依然として「フーリガン」は遠い国の出来事なのか、と言われれば、確信をもってそうだ、とも言い切れない。フランスだって、しばらく前までそうだった。遠いところの出来事だと思っていた。フーリガンは、イギリスの若者で、アルコール臭くって、貧しい無職の人間だと思われていた。ドミニック・ボダンはそうしたステレオタイプの「フーリガン」を壊したいと思って、この本を書いたのだと思う（たぶん）。フーリガンが貧しい階級の出身者で金に困っていて、だからこそああいう粗暴な行動に走るのだ、という先入観をぶちこわすために、執拗に反論を試みている。論拠を固めるために、膨大なアンケートを試み、声を集めて、分析している。社会学の方法は実に緻密である。

また、フランスと日本は、似ているな、と思う。

選手の技術やシステムの問題ではない。イタリアやイングランドといった先進国が国内に入ってきて、ようやくウルトラスが根づいたあたりの記述を読むと、フランスの応援方式は、日本に似ているし、おおいに参考になるのではないか。事実、マルセイユやリヨンのスタジアムの応援をみて、その方法を取り入れている和製ウルトラスを数人、私は知っている。チェ・ゲバラを旗に描くことひとつ取り出しても、その伝播の仕方は、フランスのクラブチームと似ている。

ドミニック・ボダンは一九五八年、トゥール生まれ。レンヌ第二大学教授で、社会学を専門とする。スポーツと暴力、フーリガン現象に関する数冊の著作がある（『スポーツと暴力』、パリ、シロン社、二〇〇一年。『ヨーロッパにおけるスポーツと暴力』、ストラスブール、エディシオン・デュ・コンセイユ・ド・ユーロップなど……）。なお、原著で多用されている用語「フーリガニズム」は、訳語として「フーリガン現象」や「フーリガン行動」が考えられるが、本書では、基本的に「フーリガン現象」と訳した。ただ、文脈に応じて「フーリガン行動」としたところもある。

翻訳の作業は、第一章と第二章を相田が、第三章から第五章までを陣野が訳したうえで、お互いに訳稿をチェックした。字句や訳語の統一を図ったが、不徹底な箇所があるかもしれない。御教示ねがえれば幸いである。

編集の作業は、白水社の和久田頼男さんと、中川すみさんにお世話になった。和久田さんからこんな本があるんだけど、と話を聞いたのは、二年前の国立競技場、日本とナイジェリアの試合の最中だったように覚えている。遅くなりました。それから、中川さんがゲラに書き込んだ、細かい鉛筆書きがなければ、この翻訳はもっとずっと遅延していたかもしれない。お二人には感謝しています。

さて、来年は二〇〇六年。六月にはドイツでワールドカップが開催される。国家単位でのサッカーにフーリガンはあまり騒がなくなったのかもしれないが、世界で一番最初にドイツ・ワールドカップへの出場を決めた国に住まう者として、黙っていても胸が期待で膨らむ。サッカーを「する」、サッカーを「見る」以外に、サッカーを「応援する」という立場の複雑さ、豊かさを本書は描き出している。サッカーに近づいていく多くの道筋のひとつをこの本が照らし出してくれることを祈って。

二〇〇五年十月

訳者

参考文献

Becker H. S. (1963), *Outsiders : étude de sociologie de la déviance*, Paris, Métailié, 1985.

Bodin D. (1999), *Hooliganisme, vérités et mensonges*, Paris, ESF.

Bodin D. (1999 a), Le hooliganisme en France, *Sport*, 165-166, 38-118.

Bodin D. (dir.) (2001), *Sports et violences*, Paris, Chiron.

Bodin D., Héas S. (2002), *Introduction à la sociologie des sports*, Paris, Chiron.

Brohm J.-M. (1993), *Les meutes sportives. Critique de la domination*, Paris, L'Harmattan.

Bromberger C. (1995), *Le match de football : ethnologie d'une passion partisane à Marseille, Naples et Turin*, Paris, MSH.

Bromberger C. (1998), *Football, La bagatelle la plus sérieuse du monde*, Paris, Bayard.

Broussard P. (1990), *Génération supporters : enquête sur les Ultras du football*, Paris, R. Laffont.

Chesnais J.-C. (1977) *Histoire de la violence*, Paris, Pluriel.

Clarcke J. (1978), Football and working class fans, in R. Ingham *et al.*, *Football Hooliganisme : The wider context*, London, Inter-Action, Imprint, 37-60.

Debarbieux E. (1996), *La violence en milieu scolaire. État des lieux*, Paris, ESF.

Debarbieux E. (dir) (2002), *L'oppression quotidienne. Recherches sur une délinquance des mineurs*, Rapport dactylographié remis à l'IHESI.

Dupuis B. (1993), Le hooliganisme en Belgique : histoire et situation actuelle, *Sport*, 143, 133-137 ; *Sport*, 144, 195-226.

Duret P. (1999), *Les jeunes et l'identité masculine*, Paris, PUF.

Ehrenberg A. (1991), *Le culte de la performance*, Paris, Calmann-Lévy

Elias N., Dunning E. (1986), *Sport et civilisation, La violence maîtrisée*, Paris, Fayard, 1994 (trad.).

Marsh P. (1978), *Aggro, The Illusion of Violence*, London, Dent & Ltd.

Mignon P. (1993), *La société du samedi : supporters ultras et hooligants. Étude comparée de la Grande-Bretagne et de la France*, Rapport IHESI.

Mignon P. (1995), *La violence dans les stades : supporters, Ultras et hooligants*, Paris, Les Cahiers de l'INSEP, 10.

Roché S. (2001), *La délinquance des jeunes*, Paris, Le Seuil.

Roumestan N. (1998), *Les supporters de football*, Paris, Anthropos.

Rouibi N. (1989), *Colloque sur la sécurité et la violence dans les stades lors de manifestations sportives*, Ministère de l'Intérieur, mise à jour 1994.

Skogan G. W. (1990), *Disorder and Decline : Crime and the Spiral of Decay in American Neighbourhoods*, New York, The Free Press.

Taylor I. (1982), *Class, Violence and Sport : The Case of Football Hooliganism in Britain in H.*, London, Inter-Action, 37-60.

Wieviorka M. (1999), *Violence en France*, Paris, Le Seuil.

訳者略歴
陣野俊史（じんの　としふみ）
一九六一年生
批評家
主要著書
『フットボール・エクスプロージョン！』（白水社）
『フットボール都市論』（青土社）
『じゃがたら』『渋さ知らズ』（河出書房新社）

相田淑子（あいだ　よしこ）
一九六〇年生
現在、中央大学法学部助教授
フランス十六世紀文学専攻
主要訳書
『トゥールーズ＝ロートレック』（共訳、同朋舎出版）

フーリガンの社会学

二〇〇五年一一月一五日印刷
二〇〇五年一一月三〇日発行

訳者 © 陣野俊史
相田淑子
発行者 川村雅之
印刷所 株式会社 平河工業社
発行所 株式会社 白水社
東京都千代田区神田小川町三の二四
電話 営業部〇三（三二九一）七八一一
編集部〇三（三二九一）七八二一
振替 〇〇一九〇―五―三三二二八
郵便番号一〇一―〇〇五二
http://www.hakusuisha.co.jp
乱丁・落丁本は、送料小社負担にてお取り替えいたします。

製本：平河工業社

ISBN4-560-50894-1

Printed in Japan

文庫クセジュ

歴史・地理・民族（俗）学

文庫クセジュ